Immer wieder haben sich Maler, Musiker und Dichter von der Antike und der reichen Tradition ihrer Rezeption inspirieren lassen. In besonderer Weise bietet die moderne Lyrik faszinierende Beispiele für eine anhaltende kreative Arbeit mit der Antike. Nicht die Philologen, sondern die Dichter haben die Alte Welt zu neuem Leben erweckt. Eine reiche neuzeitliche Wirkungsgeschichte antiker Verse, die von Hagedorn und Lessing über Goethe und Mörike bis zu den *Cantos* Ezra Pounds, Thornton Wilders *Die Iden des März* oder Carl Orffs *Catulli Carmina* reicht, setzt sich in der zeitgenössischen Lyrik bruchlos fort. Die vorliegende Anthologie versammelt deutschsprachige Lyrik von Rose Ausländer, Ingeborg Bachmann, Paul Celan, Ulla Hahn, Ernst Jandl, Marie Luise Kaschnitz, Karl Krolow, Heiner Müller, Oskar Pastior, Peter Rühmkorf, Peter-Paul Zahl u. v. a.

insel taschenbuch 1789

Unterm Sternbild

des Hercules

# *Unterm Sternbild des Hercules*

Antikes in der Lyrik
der Gegenwart
Herausgegeben von
Bernd Seidensticker und
Peter Habermehl
Insel Verlag

Umschlagabbildung:
Georges Braque, Le char de Medée


insel taschenbuch 1789
Erste Auflage 1996
Originalausgabe

Textnachweise am Schluß des Bandes
Vertrieb durch den Suhrkamp Taschenbuch Verlag
Umschlag nach Entwürfen von Willy Fleckhaus
Satz: Otto Gutfreund, Darmstadt
Druck: Nomos Verlagsgesellschaft, Baden-Baden
Printed in Germany

1 2 3 4 5 6 – 01 00 99 98 97 96

*Unterm Sternbild des Hercules*

# *»Unterm Sternbild des Hercules«*

Wie lange
Dauern die Werke? So lange
Als bis sie fertig sind.
So lange sie nämlich Mühe machen
Verfallen sie nicht.

Einladend zur Mühe
Belohnend die Beteiligung
Ist ihr Wesen von Dauer, so lange
Sie einladen und belohnen.
. . .

Zu den ›langdauernden Werken‹, über deren Bauart und Nutzen Brecht in diesen Versen aus dem Anfang der dreißiger Jahre sinniert, gehören zweifellos die erhaltenen Zeugnisse der griechischen und römischen Kultur. So ist die Geschichte der deutschen Literatur auch und nicht zuletzt ein fortwährendes kritisch-schöpferisches Zwiegespräch mit der Antike. Das gilt für die Entwicklung metrischer, sprachlicher, stilistischer und kompositorischer Ausdrucksmittel und -formen, und es gilt insbesondere für die Arbeit mit Motiven und Themen, Gedanken und Ideen.

Die Bedeutung der klassischen Antike für die deutschsprachige Literatur des 17., 18. und 19. Jahrhunderts ist wohlvertraut, ihre fortzeugende Kraft bei den Klassikern der Moderne, bei Gerhart Hauptmann und Thomas Mann, bei Hofmannsthal, Rilke und George, bei Bertolt Brecht und Gottfried Benn, unübersehbar.

Weniger bekannt ist, daß sie auch heute, über alle historischen und geistesgeschichtlichen Brüche hinweg, ihre inspirierende Kraft nicht eingebüßt hat: »einladend zur Mühe, belohnend die Beteiligung«.

Nirgendwo zeigt sich das so augenfällig wie auf dem Theater: in der lebendigen Aneignung antiker Stücke durch moderne Regisseure und Schauspieler ebenso wie in der reichen dramatischen Arbeit von Autoren wie Peter Hacks oder Stefan Schütz, Jochen Berg oder Heiner Müller; punktueller, wenn auch spektakulärer trat sie ins Bewußtsein mit den erstaunlichen Erfolgen von Christa Wolfs ›Kassandra‹-Erzählung, Christoph Ransmayrs Ovid-Roman ›Die letzte Welt‹ oder auch Gisbert Haefs' ›Hannibal‹ und ›Alexander‹. Weniger manifest scheint die Inspiration der Antike dagegen für die deutschsprachige Lyrik der Gegenwart, und doch trägt das antike Erbe gerade hier, wie die folgenden Seiten zeigen werden, erstaunliche Früchte.

»Unterm Sternbild des Hercules« finden sich neben Peter Huchel, dessen gleichnamiges Gedicht der Anthologie den Namen gibt, die großen und kleineren Sterne der zeitgenössischen deutschen Lyrik fast alle vereint. Wie bei jeder Anthologie ist auch unsere Auswahl subjektiv. Nicht jeder Text wird Freunde finden; mancher Leser wird das eine oder andere vermissen. Es fehlt nicht nur all das, was wir übersehen oder zu unrecht ignoriert haben; auf die Generation der Klassiker Brecht oder Benn wurde bewußt, wenn auch nicht ohne Bedauern verzichtet, und manches mußte auch aus Gründen des äußeren Umfangs zurückstehen, wie etwa Wolfgang Hilbigs lyrisch-dramatisches Fragment ›medium medea‹ oder Friederike Mayröckers neunstimmiger Chor ›Tod durch Musen‹.

Den Auftakt der Sammlung bilden »Begegnungen« mit der Antike in italienischen Städten oder auf griechischen Inseln, am nächtlichen Sternhimmel oder im geheimnisvollen Klang eines seltsamen Worts: »Pertinax«. Es folgen Texte, die mit Gestalten und Ereignissen der (meist) römischen »Geschichte« arbeiten, eine Form der Antikerezeption, die in der Tradition Bertolt Brechts besonders für Autoren der ehemaligen DDR charakteristisch ist.

Im Mittelpunkt der Anthologie stehen die beiden fruchtbarsten Bereiche, »Literatur« und »Mythos«: auf ›Porträtgedichte‹ moderner Autoren über antike Dichterinnen und Dichter und die Arbeit mit deren Texten folgen immer neue Variationen über die großen »Sinnbilder« menschlicher Grundsituationen und Möglichkeiten, Hoffnungen und Gefährdungen: Orpheus, Prometheus, Sisyphos, Ikaros und natürlich Odysseus, der ›Vielgewandte‹, der wie keine andere antike Gestalt Dichter von Vergil über Dante bis zu James Joyce, Nikos Kazantzakis und Derek Walcott inspiriert hat und der auch die Phantasie zeitgenössischer Lyriker immer aufs Neue in Bewegung setzt; sowie schließlich ein buntes Kaleidoskop mythischer Gestalten: »Götter und Halbgötter, Heroen und Heroinen«.

Die beiden anschließenden Gruppen umkreisen mit »Natur« und Tod (»Unterwelt«) zwei Urthemen abendländischer Lyrik. Den Abschluß bilden als Pendant zu den »Begegnungen« des Anfangs Absagen und Aufkündigungen, Abschiede und Nekrologe: bitter, traurig, ironisch, fragend. Noch in der Ablehnung betonen sie die Präsenz des Abgelehnten – paradoxer Ausklang einer

Sammlung, die die Bedeutung der Antike für die Dichter der Gegenwart nachdrücklich dokumentiert.

Nicht jeder Text gibt seine Verbindung zur Antike auf den ersten Blick preis; nicht selten bleibt der Sinn rätselhaft. Die Deutung ist dem Leser überlassen, doch haben wir, um den Zugang zu den Texten zu erleichtern, kurze Erklärungen zu antiken Realien beigefügt.

Zwei Hoffnungen verbinden die beiden Editoren mit der kleinen Anthologie:

daß sie das Bewußtsein dafür stärkt, daß die Antike immer noch »von Dauer« ist, »einladend zur Mühe, belohnend die Beteiligung«, und daß sie Appetit macht auf die »gebrauchten« antiken Werke, von denen es bei Bertolt Brecht heißt:

Von allen Werken die liebsten
Sind mir die gebrauchten.
. . .
Eingegangen in den Gebrauch der vielen
Oftmals verändert, verbessern sie ihre Gestalt
 und werden köstlich
Weil oftmals gekostet.

*Bernd Seidensticker*

Für ihre Hilfe beim Zusammenstellen der Anthologie bedanken sich die beiden Herausgeber herzlich bei Catrin Dathe, Matthias Mulzer, Almut Renger, Katharina Scholz und Matthias Weglage.

# *Begegnungen*

## *Marie Luise Kaschnitz*

### *Ostia antica*

Durch die Tore: niemand
Treppen: fort ins Blau
Auf dem Estrich: Thymian
Auf den Tischen: Tau.
Zwiegespräch aus Stille
Tod aus Käferzug
Abendrot im Teller
Asche im Krug.
Asphodeloswiese
Fledermäusekreis
Diesseits oder drüben
Wer das weiß –

## *Paul Celan*

DIE EWIGKEIT altert: in
Cerveteri die
Asphodelen
fragen einander weiß.

Mit mummelnder Kelle,
aus den Totenkesseln,
übern Stein, übern Stein,
löffeln sie Suppen
in alle Betten
und Lager.

## *Marie Luise Kaschnitz*
## *Syrakus*

Arethusa, moosfarbener Tümpel
Durchwachsen von bleichem Papyrus
Rote Trambahnbillets
Und Blasen von Kinderspeichel
Unbeirrbarer Zug
Der fetten schwarzen Fische.

Im Mondlicht des Traumes die Nymphe
Irrend durch Zweige, behängt
Mit marzipanenen Früchten
Über Weiden voll hölzerner Pferdchen
Von Säule zu Säule im Dom.

Gegen Morgen Palaver der Fischer
Heisere Frühnebelstimmen
Laufschritte, klappernd am Quai.

Greifen sie Dich, Arethusa?
Schon murmelst Du wieder
Moosfarben im bleichen Papyrus.
Schon rührt sich Dein wilder Geliebter
Wirft über die Mauer im Frühlicht
Wellen von salzigem Schaum.

## *Ingeborg Bachmann*
## *Am Akragas*

Das geklärte Wasser in den Händen,
an dem Mittag mit den weißen Brauen,
wird der Fluß die eigne Tiefe schauen
und zum letzten Mal die Dünen wenden,
mit geklärtem Wasser in den Händen.

Trägt der Wind aus Eukalyptushainen
Blätter hochgestrichen, hauchbeschrieben,
wird der Fluß die tiefren Töne lieben.
Festen Anschlag von den Feuersteinen
trägt der Wind zu Eukalyptushainen.

Und geweiht vom Licht und stummen Bränden
hält das Meer den alten Tempel offen,
wenn der Fluß, bis an den Quell getroffen,
mit geklärtem Wasser in den Händen
seine Weihen nimmt von stummen Bränden.

## *Walter Helmut Fritz*
## *Delos*

Eben noch waren wir
– zwischen Steinen
verschwanden Salamander –
auf dem Berg.

Nun ist das Auge
schon unterwegs nach ihm
von der anderen Seite.

In Mohnblüten
das Schweigen
seit der fernen Geburt.

Ob das Licht
die Dinge
auch unsichtbar macht?

## *Cyrus Atabay*
## *Delos*

In wenigen Stunden
wird dir die Insel gehören.
Die Insel wird dich wiegen
die Nacht hindurch.
Die Sphinxe werden niedersteigen
von den Steinen.

Die Greife versammeln sich,
um dich zu grüßen.

Du hörst den Chor
aus dem Mund der Wogen.
Das letzte Schiff fährt fort,
die Insel schließt dich ein.
Dionysos naht, er reitet
den weinbekränzten Panther:
Du, atemlos gehetzt von dem Schönen,
flüchtiges Wild, nicht einmal,
immerzu getroffen,
einzig dein Gedicht
wird dich mit dem Gott versöhnen.

## *Hanns Cibulka*
## *Orion*

Himmlischer Jäger
im Silbergarten der Gestirne,
funkelnd jagen deine Hunde
am schwarzen Horizont dahin.

Doch wenn der Kranich sommerspät
nach dem Süden zieht,
und sein bittrer Schrei
schräg durch die Dämmerung fällt,
spann ich den Bogen meiner Gedanken
traumhaft und kühn . . .

Tief aus der Krümmung des Raumes
blickt mich dein Auge an,
ein eherner Gürtel aus Silber,
doch das Gesetzbuch deiner Sterne
kann sich im Herzen nicht mehr spiegeln,
die Wasser dieser Erde
sind viel zu stark verschilft.

Ich aber schwöre dir
bis in den Traum Gehorsam,
und wenn der Sommer geht,
und alle Vögel trauern,
steig ich zurück
in deine Sonnenbahnen,
denn ohne Ende
ist das All.

Den Sieg des Daseins aber
selbst im Tode deuten,
dies macht die Heimkehr leicht.

## *Peter Huchel*
## *Unterm Sternbild des Hercules*

Eine Ortschaft,
nicht größer
als der Kreis,
den abends am Himmel
der Bussard zieht.

Eine Mauer,
rauh behauen, brandig
von rötlichem Moos.
Ein Glockenton,
der über schimmernde Wasser
den Rauch
der Oliven trägt.
Feuer,
von Halmen genährt
und nassem Laub,
durchweht von Stimmen,
die du nicht kennst.

Schon in die Nacht gebeugt,
ins eisige Geschirr,
schleppt Hercules
die Kettenegge der Sterne
den nördlichen Himmel hinauf.

## *Erika Burkart*
## *Altes Land*

Die schwarze Uralte
im Ölbaumschatten
hinter dem öden
Maremmengehöft.
Geblieben ist ihr
der Zahn der Graien.
In faltigen Höhlen
die noch immer lebendigen Augen.

Hühner.
Im trockenen Brunnen
Unrat unter
verdorrtem Gras.

Licht und Hitze
dämpfen die Stimmen.
Etwas ist
an sein Ende gekommen,
in dürren Nadeln
raschelt die Schlange.

## *Günter Kunert*
## *Todesferne Elegie*

In ihrer Weinhandlung
in der Via dei Chiavari
in der düsteren Höhle die beiden Alten
sind vollkommen unsterblich
Ein korpulenter Silen
unrasiert unter schmutziger Mütze
eine aufgetriebene Dryade
mit dicken unbeweglichen Säulenstümpfen
anstelle der Beine
Kühle und Stille nur ihre Gefährten
Osmotisches Sein
gezeichnet von heiliger Reglosigkeit

Hinter vergrautem Glas
ein wenig Wurst ein wenig Käse
Flaschen ohne Etikett erwartungsvoll leer
säuerlicher Geruch von den Fässern
und kein Gruß und kein Lächeln
Kühle und Stille und Schweigen

ein erstarrtes Arkadien
wo *er* nie gewesen scheint
hinter der nächsten Ecke
des Campo di Fiori.

## *Karl Krolow*
## *Vexier-Gedicht*

PERTINAX – nicht aus dem Comic,
ein römischer Kaiser,
vor oder nach Septimius Severus.
Man denkt an Verschiedenes.
An Gallien
oder an ein Waschmittel,
auch geheimnisvoll anregend wie
Werbung für ein Stimulans.
Vielleicht blühte eine Pflanze
gleichen Namens, die Linné
nicht mehr benennen konnte.
Ahnungen trügen, aber man ahnt
das Besondere.
Ich erinnere mich nicht,
daß in Frankreich jemand
seinen Hund so rief.
Für ein Aphrodisiakum
fehlt es an etwas,
auf das es ankommt.
Ich bin ratlos, schlage im Lexikon nach.
Schlechte Phantasie reicht nicht aus.
Es gab ihn wirklich.
Sieh du nur zu
im richtigen Nachschlagewerk.

# *Geschichte*

## *Günter Kunert*
## *Alexanderschlacht*

Erinnerung an das Bild
der Alexanderschlacht: zwei gewaltige Heere
treffen aufeinander: Darius wendet sich
schon zur Flucht, verfolgt
vom Herrn aus Makedonien: unzählige Lanzen:
in den vorderen Reihen gefällt, senkrecht
noch über den nachrückenden Kohorten:
wildes Getümmel: dazwischen die Reiterei:
Pfeile über Pfeile in Leibern und Leichen:
krapprot und karmesin und im Hintergrund
sinkt schon die Sonne und man weiß:
Das Abendland ist gerettet für alle
künftigen Kriege.

## *Cyrus Atabay*
## *Der Schatten der Wolke*

Am Sarg Alexanders
hatten sich die Männer versammelt,
erbauliche Ansprachen hielten sie,
mahnende und tadelnde –
vom ganzen Achilles sahen sie
nur die Ferse.
Nur einer, Ptolmäos, fand angemessene Worte:
»Seht, wie der Traum des Schlafenden
beendet und der Schatten der Wolke
verschwunden ist.«

## *Peter Hacks*
## *Scipio*

Ach! die Republik, der Staat der Meisten,
Ist, bei aller Tugend, hochgebrechlich.
Dauernd kommen welche, die was leisten
Und daraus ein Vorrecht ziehn. Tatsächlich
Ist die Furcht, daß Könige entständen,
Nur in Monarchien abzuwenden.

*

Einmal auf Liternums Gutsgelände
Ritt ein niegesehner Gast durchs Tor,
Der Besitzer, sprang vom Pferd behende,
Fordert Bett und Essen und verlor
Kein Wort drüber, blieb. Ein Kerl aus Eisen,
Traf er nie mehr Anstalt abzureisen.

Nein, er freute, wandelnd durch das Weingut,
Sich der herbstlich tiefen Blätterfarben,
Trank auch was aus einem Krug von Steingut
Oder zeigt der Sonne seine Narben.
Scipio war es, den Italien pries
Und voll Dank den Afrikaner hieß.

Jener, der im strahlendsten der Züge
Den Trickgeneral und Schlachtendieb,
Das Geschöpf der Wüste und der Lüge,
Von Roms Pforten in sein Sandland trieb.
Aber als er heimkam von der Tat,
Gab es ein paar Fragen im Senat.

Gut, der Krieg Karthagos ist beendet!
Aber hat er auch die Stadt zertrümmert?
Hat er Puniens Handel abgewendet?
Hat er sich um Abrechnung gekümmert?
Zwar, er hat den Hannibal geschlagen,
Doch verweigert uns die Unterlagen!

Als dem Triumphator nach Minuten
Endlich aufging, was man von ihm wolle,
Da, als träfe man sein Herz mit Ruten,
Stand er sprachlos, wandte sich im Grolle,
Und für ewig floh er aus den Mauern,
Die er rettete, zu seinen Bauern.

Unter einer Gruppe von Platanen
Ließ er sich ein Grab errichten. Hier?
Rief der Grabmetz, fern von Ihren Ahnen? –
Richtig, sagte Scipio, doch bei mir.
Und er sprach, befragt, wie er das meine:
Diesem Vaterland nicht meine Beine.

*

Ähnlich wieder ein gewisser H.
Eines Tags aus irgendeinem Grund
Legte er den Stift weg, saß nur da,
Fing mit großer Sorgfalt Fliegen und
Sprach, auf neue Werke angesprochen:
Diesem Vaterland nicht meine Knochen.

## *Peter Huchel*
## *An taube Ohren der Geschlechter*

Es war ein Land mit hundert Brunnen.
Nehmt für zwei Wochen Wasser mit.
Der Weg ist leer, der Baum verbrannt.
Die Öde saugt den Atem aus.
Die Stimme wird zu Sand
Und wirbelt hoch und stützt den Himmel
Mit einer Säule, die zerstäubt.

Nach Meilen noch ein toter Fluß.
Die Tage schweifen durch das Röhricht
Und reißen Wolle aus den schwarzen Kerzen.
Und eine Haut aus Grünspan schließt
Das Wasserloch,
Als faule Kupfer dort im Schlamm.

Denk an die Lampe
Im golddurchwirkten Zelt des jungen Afrikanus:
Er ließ ihr Öl nicht länger brennen,
Denn Feuer wütete genug,
Die siebzehn Nächte zu erhellen.

*

Polybios berichtet von den Tränen,
Die Scipio verbarg im Rauch der Stadt.
Dann schnitt der Pflug
Durch Asche, Bein und Schutt.
Und der es aufschrieb, gab die Klage
An taube Ohren der Geschlechter.

## *Heiner Müller*

SCIPIO während seine Soldaten Salz streuten
Auf die Trümmer und Leichenberge von Karthago
Zitierte Homer EINST WIRD KOMMEN DER TAG
und weinte
Polybios hat es gesehn der Geschichtsschreiber
Wann haben wir einen Sieger weinen sehn
In Erwartung des Tags der kommen wird

## *Erich Fried*
## *Antike Großstadtschnauze*

(nach Sueton)

Wie schön! wie schön!
Ein wahres Glück für die Kinder!
Schade daß nicht schon sein Vater
so eine Frau nahm!
riefen die Römer
bei Neros Hochzeitszug

Neros Braut
war ein Knabe
aber um Sitte und Anstand
nicht zu verletzen
kurz vor der Hochzeit
entmannt

## *Heiner Müller*
## *Senecas Tod*

Was dachte Seneca (und sagte es nicht)
Als der Hauptmann von Neros Leibwache stumm
Das Todesurteil aus dem Brustpanzer zog
Gesiegelt von dem Schüler für den Lehrer
(Schreiben und Siegeln hatte er gelernt
Und die Verachtung aller Tode statt
Des eignen goldne Regel aller Staatskunst)
Was dachte Seneca (und sagte es nicht)
Als er den Gästen und Sklaven das Weinen verbot
Die seine letzte Mahlzeit mit ihm geteilt hatten
Die Sklaven am Tischende TRÄNEN SIND UNPHILO-
SOPHISCH
DAS VERHÄNGTE MUSS ANGENOMMEN WERDEN
UND WAS DIESEN NERO BETRIFFT DER SEINE
MUTTER
UND SEINE GESCHWISTER GETÖTET HAT WARUM
SOLLTE ER
MIT SEINEM LEHRER EINE AUSNAHME MACHEN
WARUM
VERZICHTEN AUF DAS BLUT DES PHILOSOPHEN
DER IHN DAS BLUTVERGIESSEN NICHT GELEHRT
HAT
Und als er sich die Adern öffnen ließ
An den Armen zunächst und seiner Frau
Die seinen Tod nicht überleben wollte
Mit einem Schnitt von einem Sklaven wahrscheinlich
Auch das Schwert auf das Brutus sich fallen ließ
Am Ende seiner republikanischen Hoffnung

Mußte von einem Sklaven gehalten werden
Was dachte Seneca (und sagte es nicht)
Während das Blut zu langsam seinen zu alten
Körper verließ und der Sklave gehorsam dem Herrn
Auch noch die Beinadern und Kniekehlen aufschlug
Gewisper mit ausgetrockneten Stimmbändern
MEINE SCHMERZEN SIND MEIN EIGENTUM
DIE FRAU INS NEBENZIMMER SCHREIBER ZU MIR
Die Hand konnte den Schreibgriffel nicht mehr halten
Aber das Gehirn arbeitete noch die Maschine
Stellte Wörter und Sätze her notierte die Schmerzen
Was dachte Seneca (und sagte es nicht)
Zwischen den Buchstaben seines letzten Diktats
Gelagert auf die Couch des Philosophen
Und als er den Becher leer trank das Gift aus Athen
Weil sein Tod auf sich warten ließ immer noch
Und das Gift das vielen geholfen hatte vor ihm
Konnte nur eine Fußnote schreiben in seinen
Schon beinahe blutleeren Leib keinen Klartext
Was dachte Seneca (sprachlos endlich)
Als er dem Tod entgegen ging im Dampfbad
Während die Luft vor seinen Augen tanzte
Die Terrasse verdunkelt von wirrem Flügelschlag
Nicht von Engeln wahrscheinlich auch der Tod
Ist kein Engel im Säulengeflimmer beim Wiedersehn
Mit dem ersten Grashalm den er gesehen hatte
Auf einer Wiese bei Cordoba hoch wie kein Baum

*Hannelies Taschau*
## *Samin mit Geschichte*

Von einem barbarischen Volk hoch im
Norden
weit hinter den germanischen Stämmen
berichtet Tacitus:
Die haben weder Pferde noch Häuser
weder Eisen noch Wein
ihre Waffen sind aus Knochen ihre
Betten bereiten sie auf der Erde
Sie essen wilde Früchte und rohes
Fleisch
Sie binden sich Zauberhölzer unter
die Füße und fliegen über Schnee
Die Neugeborenen werden nicht gestillt
sie hängen in Felle gewickelt in den
Ästen
ein Stück Knochenmark im Mund denn
die Frauen sind mit den Männern
auf der Jagd
Sie sind geschickte Jäger wie die
Männer und bestehen auf ihrem Anteil
an der Beute

## *Volker Braun*
## *Neuer Zweck der Armee Hadrians*

Von Hadrianus, dem Cäsar
Wird seit alters zwischen den Zeilen berichtet
Daß er seine Armee nicht brauchte, um Kriege zu
führen
Für die das Reich zu riesig war zwischen irgendwelchen
Britannien und Cappadocien, sondern um zu reisen.
Da er die Truppen schon nicht
Abmustern konnte vor den Augen der Goten oder
Sassaniden
Setzte er sie ein zu einem unüblichen Zweck
Nicht Städte niederzubrennen, sondern Städte zu
gründen.
Wo seine Lanzenträger landeten, griffen sie zur Kelle
Und wo sie abzogen, war die Erde bewohnbar.
Das erloschene Jerusalem hob er aus den Trümmern
Und Athen, das palastreiche, zierte er mit Palästen.
Vor den Ländern, die er unterm Stiefel hielt
Bückte er sich, die Mosaiken zu studieren
Was er nahm, war Maß an den verwüsteten Tempeln
Der Schnitt, den er machte, war der goldene.
Er befehligte schließlich Steinmetze, Maurer und
Schmiede.
Er wählte seine Leute vermutlich, aus ihren Blicken
Nicht kriegerischen Sinn lesend sondern Kunstsinn
So daß sie noch Soldaten waren, aber schon Arbeiter
Schlagfertig noch und kunstfertig zugleich.
Dies alles zwischen den Zeilen
In einer längst toten Sprache. Aber wir wieder

Denken so heftig desgleichen, daß es uns zum Gleichnis
wird. Nämlich
Das ist so lange her, daß es beinahe wahr ist.
Denn können wir nicht, in den Umwälzungen, die wir
wagen
Wie die Armee den ganzen Staat
Wenn er schon nötig ist, benutzen
Zu seinem und einem anderen Zweck?
Mächtig über die Menschen noch, aber zugleich
Sie mächtig zu machen ihrer selbst, ihrer gemeinsamen
Sinne?
Dies Unübliche, das die Regeln
Außer Kraft setzt, indem es zur Regel wird?
Diesen cäsarischen Luxus der Massen
Der die Völker jubeln macht
In ihren lebendigen Sprachen?

## *Günter Kunert*
## *Märkischer Konstantin*

Lautlosigkeit plus Reglosigkeit:
der morgendliche Garten im August

Frühe Hitze des Tages
nördlich Berlin der verhoffte Süden

Zarte Rauchvertikale vom Nachbarhaus:
der Vesuv

Tau leckt die nackten Füße
grüne Zungen von Sklaven

Dein Imperium umfaßt
1470 Quadratmeter
Barbaren klingeln schon am Gartentor:
Hier

bist du nicht mehr sicher. Wechsle
den Glauben und errichte

dein Reich anderswo.

# *Literatur*

## *Heiner Müller*
## *Geschichten von Homer*

### I

Häufig redeten und ausgiebig mit dem Homer die
Schüler, deutend sein Werk, ihn fragend um richtige
Deutung.
Denn es liebte der Alte immer sich neu zu entdecken
Und gepriesen geizte nicht mit Wein und Gebratnem.
Kam die Rede, beim Gastmahl, Fleisch und Wein, auf
Thersites
Den Geschmähten, den Schwätzer, der aufstand in der
Versammlung
Nutzte klug der Großen Streit um das größere Beutestück
Sprach: Sehet an den Völkerhirten, der seine Schafe
Schert und hinmacht wie immer ein Hirt, und zeigte die
blutigen
Leeren Hände der Söldner als leer und blutig den
Söldnern.
Da nun fragten die Schüler: Wie ist das mit diesem
Thersites
Meister? Du gibst ihm die richtigen Worte, dann gibst
du mit eignen
Worten ihm unrecht. Schwierig scheint das uns zu
begreifen.
Warum tatst dus? Sagte Homer: Zu Gefallen den Fürsten.
Fragten die Schüler: Wozu das? Der Alte: Aus Hunger.
Nach Lorbeer?
Auch. Doch schätz er den gleich hoch wie auf dem
Scheitel im Fleischtopf.

2

Unter den Schülern, heißt es, sei aber einer gewesen
Klug, ein großer Frager. Jede Antwort befragt er
Noch, zu finden die nicht mehr fragliche. Dieser nun fragte
Sitzend am Fluß mit dem Alten, noch einmal die Frage der andern.
Prüfend ansah den Jungen der Alte und sagte, ihn ansehnd
Heiter: Ein Pfeil ist die Wahrheit, giftig dem eiligen Schützen!
Schon den Bogen spannen ist viel. Der Pfeil bleibt ein Pfeil ja
Birgt wer im Schilf ihn. Die Wahrheit, gekleidet in Lüge, bleibt Wahrheit.
Und der Bogen stirbt nicht mit dem Schützen. Sprachs und erhob sich.

## *Peter Huchel*
## *Elegie*

Es ist deine Stunde,
Mann auf Chios,
Sie naht über Felsen
Und legt dir Feuer ans Herz.
Die Abendbrise mäht
Die Schatten der Pinien.
Dein Auge ist blind.

Aber im Schrei der Möwe
Siehst du metallen schimmern das Meer,
Das Meer mit der schwarzen Haut des Delphins,
Den harten Ruderschlag des Winds
Dicht vor der Küste.

Hinab den Pfad,
Wo an der Distel
Das Ziegenhaar weht.
Siebensaitig tönt die Kithara
Im Sirren der Telegrafendrähte.
Bekränzt von welligen Ziegeln
Blieb eine Mauer.
Das Tongefäß zerbrach,
In dem versiegelt
Der Kaufbrief des Lebens lag.

Felshohe Gischt,
Felsleckende Brandung,
Das Meer mit der Haut des Katzenhais.
Am Kap einer Wolke
Und in der Dünung des Himmels schwimmend,
Weiß vom Salz
Verschollener Wogen
Des Mondes Feuerschiff.
Es leuchtet der Fahrt nach Ios,
Wo am Gestade
Die Knaben warten
Mit leeren Netzen
Und Läusen im Haar.

## *Johannes Bobrowski*
## *Sappho*

Sappho, Freundin, Träume der Mädchen deine
Lieder: goldne Nägel im Bogentore
dieser Nacht, die dein war und die die unsre
ist und unendlich.

Gönnst dem Länderfremden an deines Verses
Stufe eine Zeit, ein Verweilen; sieh, er
taumelt fort, dem Chaos entkommen für den
Zug eines Atems.

## *Oda Schaefer*
## *Sappho*

Es ist Nacht.
Die Dinge ruhn
Und haben ihre Namen
Abgetan.
Jetzt ist die Stunde
Da du sie neu erkennst
Und das Unsagbare
Benennen darfst.

Doch unbeschreiblich
Ist der Glanz
Der großen Augen
Dort im Dunkel

Das Lächeln
Der geschloßnen Lippen
Auf die sich
Der erhobne Finger legt.

## *Johannes Poethen*

Von den plejaden her
was macht das aus
daß ich bin
daß ich hier bin
wo du allein warst
und die plejaden untergegangen.

## *Jürgen Theobaldy*
## *Bruchstück, für Sappho*

Oben [der Mond], von keinem Hof umgeben.
Hinter dem Dunst [verborgen], die Milchstraße.
[Eine] Stunde vergeht, [geht mit] der nächsten.
Und [ich] liege [allein], traumlos, in Sinnen.

## *Heinz Piontek*
## *Die späten Jahre*

Noch immer bräunlich
und barfuß,
doch schleppenden Schritts.

Aus blauschwarzen Haaren
hängt weißes Gesträhn.

Abendstern. Schafe und Ziegen.

*

Meerwärts singen mit hellen Stimmen
die Mädchen.
Wieder ist eine die Braut.

*Zieh getrost deines Wegs*
*und gedenke mein!*

(Frühzeitig das Abstoßen von der Insel
und das Nachwinken . . .)

*

Ruhig zieht
durch ihre Kältetränen
der einsamklare Mond auf.

Doch am Morgen nach jedem Abschied
liebt sie
stets um ein kleines lieber

die Sonne –
*goldner als Gold noch.*

## *Johannes Bobrowski*
## *Mit Liedern Sapphos*

Aufgeschürzt die haarige
Lippe, von der Insel
schrie wie der Maulesel schreit
die magere Kleine:

einen peplos,
safranfarbenen, kränze,
phrygische, purpur

Solon
vor dem Haus,
wo die Luft umhergeht:
Singt es noch einmal, sagt er,

daß ich erlerne das
Inselgeschrei, die Rufe
über der Erde dicht,
die im verbrannten Kraut,

es erlerne, daß ich
sterb darüber, Worte
hab und Worte, das Sausen,
den Luftzug hinter dem Haupt und,
Worte, über der Brust.

## *Peter Huchel*
## *Alkaios*

Die Spur verlischt. Es richtet
sich auf das Gras
wie eine Wahrheit. Während du gehst,
koppelt der ummauerte Hof
die Hunde los. Hier ist der Weg,
von Winterwassern
ins Gestrüpp gehauen.

Und unten, zwischen den Felsenzähnen,
die Mühsal des Meeres, die Brandung,
zerbrochene Ruder, das Nichts
auf den Strand zu schleudern.

Sie haben
mit eisernen Pfählen
die Grenze gesetzt. Noch wehrt
sich der Tag mit seinen Disteln
gegen den eisigen
Anschlag der Nacht.

## *Johannes Bobrowski*
## *Pindar*

Pindar, deines Liedes gewaltiges Licht, sagen will ich,
wie es aus Trauer stammt, aus dem Schweigen voll
Nachtglanz:
Der geboren ward am umschatteten Quell
der Dirke, wo einstens gelagert
jene, die wütigen Sieben, schweren Munds
schlagend der Stadt ein Geschrei
wilder Falken an die Erz-
türen, singen sollte er

jenen Tod, der Eule Athenens den Ruf werfen zurück.
Aber Olympia, Delphi, Nemea, den Isthmos –
alle füllt der jubelnde Mittag von Hellas,
wo unausdenkliche Sonne
aufging, der Sturmschall der Meere küstenhin
fliegt durch den Blick, da der Zweig
fällt des Siegs aufs weh'nde Haar
deiner Völker, Griechenland.

Pindar singt. Es tönt der unendliche Tag, silberner Laut,
wider den Ton, aus hallender Kluft das Jahrtausend.
Pindar singt, der Liebende singt deinen Völkern,
Hellas, den Völkern der Erde
zu: ihrer ernstlichen Schönheit Lied, er sitzt
auf des Apollon Geheiß
aufgetanen Augs beim Mahl
deiner Götter, Griechenland.

## *Erich Arendt*
## *Hafen Empedokles*

Mit den Schatten saß ich
an Eisentischen. Die Straße
der Fischer, der Häuer stumm.
Erdher wir tranken, das anwuchs
im Schacht der Mauern, das Dunkel.
Oben der Fluchtweg, das Licht
starb:

Augenleere. Die entfremdende
Hand. Zerdehnt das Schweigen
einer Stunde. Es trank aus dem
schartigen Glas, mit uns,
horchend: Der Schwalbenflug, dicht,
zwischen den Dächern zog
das lautlose Netz zu.

Der Hafen, ferndrunten
beim Erinnern, schwankte: dort
im Glanz schwefligen Todes,
von hellen Kreuzen hingen
gestorben die Segel, grau. –
Hierher,

auf Schultern das lemnische Licht,
war ich gekommen, Hungerwolke
der Bienen am Haupt, ein
Dröhnen, das der Felsenleere Ägäis

entfloh. Zerlumpter wandernder
Gott ich, sprach schattenhin:

Was will der mächtige Schritt,
dieser nahverschlossenen Ferne?
Ging einer dort vor Tag und Tag,
himmelan? Sich opfern? Nacht ist,
rollende, stürzende, Nacht wie
damals, und

im Undurchdringbaren sahn wir:
aufbrach die Ätna-Wunde,
blutrot, alt. Unter dem Fuß uns,
am Erdkern ein Adler, riesengroß
schwang seinen Flügel und
flüssiges Feuer barst aus Schnabel
und Aug ihm. Zornweiße
See, von toten Fischen voll
treibend, sie rief ins Land
den Namen: Die Wände, Empedokles,
fallen!

Am Hügel, die Steintrommeln
der Säulen rührten sich kaum.
Nur Windschlag der Türen.
Ein Lauschen: Nacht. –
Durchs Blut des Klees nun,
brusthoch, im Dämmer sind
die Grubenmänner gefahren, runter
zum Schwefel. Der Morgen stand

leer in der Stadt, gepflanzt in
eiserner Helle.

## *Hanns Cibulka*
## *Empedokles*

I.

Am Fuße des Ätna,
in der Osteria,
Schweißgeruch
in den Hemden der Bauern,
stellt Empedokles
den Krug
auf den Tisch.

Siehst du nicht,
wie sie zum Scherbengericht gehen,
die Herren von Agrigent,
obwohl ich Tag für Tag
in ihrem Weinberg arbeite,
keinem Vogel
die Schwinge beschneide.

Pausanias,
sie halten
ihre Audienzen ab
wie die Fürsten,
wer weiß,

ob nicht auch dein Name
auf ihren Tontafeln
steht.

Schwelbrand
im Gebälk der Erde,
käuflich geworden
das Gewissen der
Zeit.

II.

Die Menschen,
gejagt
von Erinnyen?

Anfälle
sagen die Ärzte
aus Syrakus,
laßt sie nur schreien,
die halbe Erde
schreit
in ihnen mit.

Den anderen
die Schreie dämpfen,
Zungenpflöcke,
ins Irrenhaus,
wo sie mit einem Holzscheit
Briefe schreiben.

## *Günter Kunert*
## *Keine Neuigkeit aus Troja*

Wer
einen Traum wahrmachen will
zerstört jeden Traum
gestand Kassandra sterbend
Aber
was vom Bekenntnis der Wahrheit
auf Erden verbleibt
ist mir fremd
nichts Menschliches

Erbrochenes Blut
ein Farbfleck
das Wegwischen
nicht wert

## *Erich Fried*
## *Incognito*

– – – – – – – – – – –

aber ich hoffe
mir bleibt dann noch Atem genug
mich umzudrehen
zu den Damen
die mich verfolgen
und ihnen zu sagen:
»Bitte ihr Wohlgesinnten

kämmt euch die reizenden Schlangen
wieder zurück
Ich habe jetzt keine Zeit
ich muß mich melden
bei der Ananke –
ihr wißt ja selbst
wie die ist«

## *Heiner Müller*
## *Ödipuskommentar*

Lajos war König in Theben. Ihm sagte der Gott aus dem Mund der
Priester, sein Sohn werde gehen über ihn. Lajos, unwillig
Zu bezahlen den Preis der Geburt, die kostet das Leben
Riß von den Brüsten der Mutter das Neue, durchbohrte die Zehen ihm
Sorgsam, daß es nicht über ihn geh, und vernähte die dreifach
Gab es, daß der auf dem Tisch der Gebirge den Vögeln es ausleg
Einem Diener, *dieses mein Fleisch wird mich nicht überwachsen*
Und verbreitete so den Fuß, der ihn austrat, durch Vorsicht:
Dem geflügelten Hunger das Kind nicht gönnte der Diener
Gab in andere Hände zu retten in anderes Land es

Dort das hoch Geborene wuchs auf geschwollenen
Füßen
*Keiner hat meinen Gang*, sein Makel sein Name, auf
seinen
Füßen und andern seinen Gang ging das Schicksal,
aufhaltsam
Jeder Schritt, unaufhaltsam der nächste, ein Schritt ging
den andern.
Seht das Gedicht von Ödipus, Lajos Sohn aus Jokaste
Unbekannt mit sich selber, in Theben Tyrann durch
Verdienst: er
Löste, weil Flucht vom verkrüppelten Fuß ihm versagt
war, das Rätsel
Aufgestellt von der dreimal geborenen Sphinx über
Theben
Gab dem Stein zu essen das Menschen essende
Dreitier
Und der Mensch war die Lösung. Jahrlang in
glücklicher Stadt drauf
Pflügte das Bett, in dem er gepflanzt war, der
Glückbringer glücklich.
Länger als Glück ist Zeit, und länger als Unglück: im
zehnten
Jahr aus Ungekanntem die Pest fiel über die Stadt her
Solang glücklich. Leiber zerbrach sie und andere
Ordnung.
Und im Ring der Beherrschten, das neue Rätsel
geschultert
Auf zu großem Fuß stand, umschrien vom Sterben der
Stadt, der
Rätsellöser, warf seine Fragen ins Dunkel wie Netze:

Lügt der Bote, sein Ohr, zu den Priestern geschickt,
Mund der Götter?
Sagt der Blinde die Wahrheit, der mit zehn Fingern auf
ihn weist?
Aus dem Dunkel die Netze schnellen zurück, in den
Maschen
Auf der eigenen Spur vom eigenen Schritt überholt: er.
Und sein Grund ist sein Gipfel: er hat die Zeit
überrundet
In den Zirkel genommen, *ich und kein Ende*, sich selber.
In den Augenhöhlen begräbt er die Welt. Stand ein
Baum hier?
Lebt Fleisch außer ihm? Keines, es gibt keine Bäume,
mit Stimmen
Redet sein Ohr auf ihn ein, der Boden ist sein Gedanke
Schlamm oder Stein, den sein Fuß denkt, aus den
Händen ihm manchmal
Wächst eine Wand, *die Welt eine Warze*, oder es pflanzt
sein
Finger ihn fort im Verkehr mit der Luft, bis er auslöscht
das Abbild
Mit der Hand. So lebt er, sein Grab, und kaut seine
Toten.
Seht sein Beispiel, der aus blutigen Startlöchern
aufbricht
In der Freiheit des Menschen zwischen den Zähnen des
Menschen
Auf zu wenigen Füßen, mit Händen zu wenig den Raum
greift.

## *Wolfgang Bächler*
## *Ödipus*

Platanen, Agaven, Weinberge,
ich steige über sie hinaus.

Ölbäume, Steinhaufen, Disteln
und eine Frau, die Oliven pflückt,
ein riesiger Leib
verborgen unter dem schwarzen Rock.
Eine Schwangere oder die Sphinx?
Sie gab sich selber
als Rätsel auf
und wies mir den zweiten Weg.

Dann nur noch verkrüppelte Pinienzwerge,
borstig ergrautes Haar
über uralten Steingesichtern.
Ich steige und steige.

Die letzte Zisterne am Weg
ist ausgetrocknet, verdurstet
eine Schlange in ihr.

Dann nur noch nackter Porphyr,
ein Pfad, der sich windet,
sich frißt in den Fels,
den Schlund hinauf auf das Kinn.
Ein Riß, eine Kerbe, der Abgrund,
die unausweichbare Stelle,

wo Ödipus immer wieder
dem eigenen Vater begegnet.

Schon nahen die Geier,
umkreisen mich.
Ich fliehe und steige und steige
über die faltige Stirn der Erde
durch schütteres Greisenhaar
hinauf auf den kahlen Schädel des Bergs,
das Dach dieser südlichen Welt,
das die Sonne bleicht
und die Geier und Adler umfliegen.

## *Helga Maria Novak*
## *therapeutisches Bad*

Jason wirft zuchtlos mit Tränenfluten: tot mir die Teuren

gedunsen sind unter seinen Augen die Dudelsäcke dünn
und prallvoll
er schaukelt als eine Boje zwischen den illustrierten
Steinwänden
offenen Mundes liegen sie alle auf dem Grund des Bassins
leblos die Söhne bejammert er lauter die geschmeidige
Braut

den Daumenballen ißt der Kannibale gerne
das Hirn des klugen Feindes der Sieger

die Frau das Herz von dem Geliebten der ging
mit Haut und Haaren die Nebenbuhlerin die Eitle

die bockige Medea zieht sich aus und badet

## *Cyrus Atabay*
## *Huldigungen*

Ich nehme von rechts und von links
und sogar, ohne Schuldgefühl,
etwas vom schelmischen Leben –
und alles von der nächtlichen Stille.
Anna Achmatova

### *Sappho*

Dir war zum Los geworden
daß alle geheimen Wege
dich zum Schönen führten
das hienieden immerfort sich sehnt nach dir

### *Praxilla*

Befragt in der Unterwelt
was ich als Schönstes zurückließ
als ich Abschied nahm
von der Erde
gedachte ich als erstes der Sonne
dann unseres Augenlichts
und deiner Güte

## *Korinna*

In der Höhle
aus der meine Mutter zeitlebens
den Ausgang suchte
fanden mich die Djinn
führten mich ins Licht
das mich Lieder lehrte
die Helikon und Kithäron versöhnten

## *Erinna*

Schwalben waren wir
hatten unsere Heimstatt
in einem Haus
das auch die Mythen beherbergte
mich trafen die Schloßen
noch vor dem Sommer
und nur dein Atem
kann mich erwecken

## *Moiro*

Wir wußten alle
daß versteckt von den Reben
mit denen deine Mutter dich umfing
sich eine Traube barg
angefüllt mit allem Leben
Jetzt wo ihr duftendes Blatt
nicht mehr dein Haupt beschirmt

ist jedes Wort von dir
berauschender als dionysischer Wein

## *Nossis*

Alle die dich kennen
sind dir zugetan
auch jene
die man die Göttin der Liebe nennt
doch erst durch dich erfuhr Aphrodite
daß nur der Wahnsinn
den Namen der Liebe verdient

## *Anyte*

Wir hatten uns wiedergefunden
im Meer
Nun folgte dem geschnitzten Delphin
am Bug deines Schiffes
sein heimlicher Bruder
bis er den Kurs verlor
von fremder Kielspur genarrt
Aber Tag um Tag
schwimmt er deinem Geist entgegen
wir Zusammenwanderer
von Anbeginn

## *Arnfrid Astel*
## *Antiautoritär*

(nach Anth. Graeca IX, 108)

Zeus zieht Eros am Ohr. Da
brüllt der Bengel: Sieh dich vor,
faß mich nicht an, sonst
mach ich dich wieder zum Schwan.

## *Günter Kunert*
## *Shakehands, Catull*

Er nannte jedes Ding bei seinem Namen
Und machte sich nicht viel aus dem Geschrei.
Und seine Kunst war hochbeliebt bei allen Damen
Von Rom bis in die ferne Lombardei.

Der große Caesar war ein größres Luder
Und bückte sich empor zu Macht und Ruhm.
Jedweder Reiche und jedweder warme Bruder
Konnt Caesarn kaufen samt dem Heldentum.

Die Senatoren, reich durch ihre Huren,
Die sie verkauften der antiken Welt,
Und die von einem Freudenhaus zum andern fuhren
Und abkassierten das noch warme Geld,

Beherrschten Rom und seine Kolonien,
Doch nicht Catull und dessen wilden Spott.
Er zeigte seine Zeitgenossen auf den Knien
Mit Venus ringend statt mit ihrem Gott.

Catull wies auf sie mit dem Zeigefinger
(den man zu andern Zwecken damals nahm).
Denn er war mutig und war selbst ein guter Springer,
Bevor er, fremd in fremder Stadt, verkam.

*Karl Krolow*
### *Stele für Catull*

Tot in toter Sprache: –
unbeweglich
im schwarzen Zimmer Roms
perdita iuventus.

Doch der Vogelflug der Worte
fällt immer wieder
aus vollem Himmel.

Ihre hellen Körper
bewegen sich in unserer Luft.
Wir legen sie ins Grab dir,
in dem du ganz allein bist
mit dem toten Sperling –

Catull, von leichten Buchstaben
der Liebe geschützt,
vom Alter jener Augen,
die sich nicht mehr schließen.

Passer mortuus est
meae puellae.
Ein Flüstern noch
in Pappeln.

## *Volker Braun*
## *Die Treulose*

Was denn, Valerius, laß nicht den Kopf hängen.
So haltbar sind die Sätze zweitausend Jahre
Und mein Gefühl noch wiegt sich in den Versmaßen
Das wie Laub abfällt und ich lebe kahl weiter.
Immer wieder der Zorn die Scham Nachdichtung
Aus einer schlechten Gesellschaft in die andre.
*Ich liebte sie, wie keine wird geliebt werden!*
*Da war das Leben heiter* etc.
                    Laß die laufen
Nach ihrem Planziel, Volker, jetzt heißts hart bleiben.
Und was du schon verloren siehst, das gib ganz auf.
*Wer wird noch zu ihr gehn, für den sie schön aussieht?*
*Wen wird sie lieben, wessen Liebste sich nennen?*
Soll sie sehn, wo sie bleibt, mit ihren Fortschritten
Fort fort. Sie wird mir nicht die Lippen wundbeißen.
Dank für den Zuspruch, Römer, aus dem Weltreiche

Oder wovon sprachst du. *Jetzt mußt du durchhalten*
Bis sie sich bessert, die Treulose:
Sag ich, meine sei schlechter? Ich bin es auch nicht
Ich bleibe hart jetzt bis zum letzten Hinkjambus.

## *Karl Mickel*
## *Elegie (2)*

Nach Catull

»Ich liebe dich«, sagte sie laut, als ich zum siebten Mal anfing
Sie zu verspunden, »niemals lüg ich dich an!«
Natürlich. Ich glaube ihr gern, daß sie, solang sie es ausspricht
Selber sich glaubt. So schreibt man im Frühjahr auf Eis.

## *Heiner Müller*
## *Horaz*

1

Der Arrivierte mit dem Haß auf sein Startloch.
Unter Brutus ist er Demokrat
*Tod dem Tyrannen und mir auch ein Landgut*
Pazifist bei Philippi, er skandiert den Boden.
Dann lernt er seine Lektion (er auch), wechselt
Die Laufbahn. *Schwamm drüber Augustus*. Das Landgut
Schenkt Mäcen ihm für einen Platz in den Oden
*Acht Spiegel im Schlafzimmer und kein Wort mehr von Brutus.*
Er macht seinen Weg in die Chrestomathien
*Aere perennius* Liebling der Philologen.

2

Rom die Hure mit den sieben Brüsten.
Lob der Mäßigkeit, Mutter der Weltreiche
Aufgefressen von den wachsenden Kindern
Mit vollkommenen Versen, sonst wozu, braucht
Luxus. *Satt singt Horaz*, den Lorbeer
Würzt das Fleisch. Kappadozisches Wildbret!
(Und die Baumblüte in den Albanerbergen!)
Dreiundzwanzig Dolchstöße, der zweite tödlich
In ein fallsüchtiges Fleisch, was sind sie
Gegen den Furz des Priap in der achten Satire.

## *Karl Mickel*
## *Ode nach Horaz II/13*

Scheißkerl, der du mein scheiß Haus bautest
Verflucht bist du mit deinen Voreltern!
Den kleinsten Raum der Wohnung mir herrichten
Daß der mich hinrichtet! der Blitz
Soll dich beim Scheißen erschlagen, du Kackarsch!
Wer bestach dich und mit wie Viel
Mich, den Dichter, zu weglagern?

Auf mich stürzte die Scheißhausdecke
Wenn ich gesessen
Hätte! als sie herabbrach, von außen
Warf ich die Tür zu: zärtlich. Ätzende Nebel!
Donner! als wüte der Abgrund, in dem ich
Läge jetzt, kalkbeworfen, wenn lautarsch
Ich erschüttert hätte das Bauwerk rechtzeitig.

Der dich bezahlte, der wußte, daß ich
Schallend furze: aufs Heiligste, bei dem Beruf!
Ein Leiseschiß und ich bin gerettet!
Der Erfinder des Schiffs ist der Erfinder des Schiffbruchs
Damoklesdecke von VEB Volksbau
Niedrigste Kosten äußerster Nutzeffekt
Maurer meucheln Maurer, Klempner Klempner
Soldaten Soldaten, die Arschficker!

Wie soll die Nachwelt aus vollen Latrinen
Rekonstruiern die Hälfte der Menschheit
Wenn ich nicht dichte? Achgehtmirwegihr!

## *Heiner Müller*
## *Horaz Satiren II,1*

Horaz. Trebatius.

H Ich hör da welche sagen (laut, Trebatius!)
Ich wär zu scharf in der Satire, frech
Über die Schranken setzend, die gesetzt sind.
Anderen gilt, was ich zusammenfüg
Entnervt. Die reden so: derlei Verse
Macht einer tausend auch an einem Tag.
Rat mir, Trebatius, Freund. Was soll ich machen?
T Schweig.
H Das heißt: keinen Vers mehr künftig.
T Keinen.
H Hol mich der Zeus! Ja, schweigen wär das beste.
Doch find ich keinen Schlaf, wenn ich nicht schreib.
T So salb dich und durchschwimm den Tiber dreimal
Vor Nacht. Spül dich mit Wein. Und kannst dus nicht
Ganz lassen, sei so kühn, besing des Cäsar
Sieg und Trophäen! Ich wett, das wird bezahlt.
Der Krug, der nicht zum Brunnen geht, bleibt leer.
H Gern, alter Freund, wenn ich dazu die Kraft hätt.
Nicht jedem ists gegeben, schön zu schildern
Die lanzenstarren Schlachtreihn Roms. Den Gallier
Ausblutend am Geschoß, das in der Brust
Ihm steckt. Oder den Parther, der vom Pferd fällt
Stückweis.
T Besing den Fürsten selber, den
Allzeit gerechten, wie Lucilius
Besang den Scipio, damals.

H Gern, Freund, gern
Wenn sich ein Anlaß bietet. Nicht allzeit
Hat Cäsar für Horaz ein offnes Ohr.
Wird er verkehrt gestreichelt, schlägt er aus.

## *Karl Krolow*
## *Bleibendes Bild im Winter*

Der erwachsene Wald
steht weiß –
ein bleibendes Bild
im Winter,
unweigerlich und trocken
in der Kälte,
voll Inbegriff, wie ausgegraben
und alter Zeit geneigt.
Der unbekannte Mensch,
in leerer Gegend,
wärmt sich daheim
am Feuer.

## *Günter Eich*
## *Freund und Horazleser*

Sag mir nicht wieder: Horaz
und sterben lernen.
Keiner hat es gelernt,
es fiel sie nur an
wie die Geburt.

## *Dieter Leisegang*
## *Vergil*

In Brundisium starb er, bei
Glühender Hitze

Roms größter Dichter, rund
Fünfzig Jahre alt und im

Angesicht dessen, der so schwer
Zu begründen war

## *Hans Carl Artmann*
### *vor rom:*

so nah oh
den sternen
damals    tausenden
sagte aeneas
alles was machbar
sollte gemacht werden
laßt mich rom machen:
den januskopf    efeu
die wölfin    das weib
erzene helme    bilder
einen einzigen tiber
und das flüßchen
aniene    amen

## *Ernst Fischer*
### *Die Reue des Ovid*

Tugendhaft, sagst du, sei Rom und folge den Sitten der
Väter,
seit meine unkeusche Kunst nicht mehr die Jugend
verführt.
Oh, der tugendhafte Augustus!
Dem Laster entronnen,
nimmt er als Amme der Macht mürrisch die Tugend in
Sold,

freilich nicht jene, die streng an der Seite der Freiheit einhergeht,
sondern die Vettel, die nachts heimlich die Betten durchwühlt . . .
Also fragst du mich, Freund, ob Reue mich plagt, ob Demut
mich, den Verführer von einst, beugt und zum Büßenden macht.
Melde dem tugendhaften Augustus die Reue des Frevlers!
Trauer um jegliche Frucht, welche dem Gaumen entging,
daß nicht ihr duftendes Fleisch mir kühl an den Lippen dahinschmolz,
nicht ihr erquickender Saft süß in den Mund sich ergoß.
Trauer um jegliche Nacht, die nüchtern dem Tage sich nahte,
oder mich streifte ein Glück, das meinem Zögern entglitt.
Trauer um jeglichen Vers, der nicht aus bedrängender Fülle
lieblich und schlank sich erhob, einer Unsterblichen gleich.
Trauer vor allem, wie lang ich Diener der Macht war! Melde
dorten in Rom, daß ich hier lebe in Fremde und Frost,
alternd in Armut, und mag dieses Land nicht! Und melde die Hütte,
welche du sahst, und den Schnee, welcher sie würgend bedeckt!

Melde dem Caesar, du sahst den Mann verbannt an die
Grenze
eurer gesitteten Welt – frierend, doch heiter und frei!

## *Arnfrid Astel*
## *Parcere personis – dicere de vitiis*

Martials Maxime,
die Schweinereien aufzugreifen,
aber die Schweine zu schonen,
wird gewöhnlich als Vornehmheit gedeutet,
manchmal als Feigheit,
obwohl die Angst
vor diesen einflußreichen Persönlichkeiten
durchaus berechtigt war,
aber er wollte die Schweine
ganz einfach nicht verewigen,
diesen wie hieß er doch gleich
Kaiser etwa, strotzend
vor Dummheit & Brutalität.

# *Sinnbilder*

## *Johannes Bobrowski*
## *Die alte Heerstraße*

Seitab ist gezogen
auf der verfallenen Straße
der Korse, ein südlicher Kaiser,
winzig vor Zorn, in der Krähen
Spur auf dem Schnee, –
eingeholt von heiligen
Flüchen abends. Die hungernden
Wölfe schleiften Nächte
aus Moordunst ihm nach.

Doch der verblauende Herbst
fährt um das Dorf und die Wolke
auf. Wie Weinen ist eure
Schönheit, Pfade der Heimat, nun.
Sandige Pfade, es schritten
die Jahre euch ab.

Jahre, windbrüchige Winter,
da wir erlauschten das Licht,
singend über dem Feuer,
lehnten schwer am Gestein
Finsternis, auszuschaun
nach tanzenden Inseln des Südmeers.

Und wir dürsten.
So ist dein
Herz ein Brunnen geworden
uns, im Saft der Birken

duftend, im farnigen, goldnen
Nest deiner Schlangen,
Heimat. So sind zu lieben
deine Söhne gekommen
schattigen Auges immer
von fremden Tischen zurück. –

Einst,
vor Zeiten ist Orpheus
hier gegangen am Hang
dunkel. Es tönt herüber
der Wald seine Klagen ewig.

Ach, den Singenden narrte
die Erde, die zahllose Stimme
Eurydikes, aus Schluchten
her, von Gewässern. Sie beugt den
Rücken uns tiefer, ins stäubende
Kraut, eh mit Schauern, mit zornigen
Regen ausfährt das Jahr.

## *Ingeborg Bachmann*
## *Dunkles zu sagen*

Wie Orpheus spiel ich
auf den Saiten des Lebens den Tod
und in die Schönheit der Erde
und deiner Augen, die den Himmel verwalten,
weiß ich nur Dunkles zu sagen.

Vergiß nicht, daß auch du, plötzlich,
an jenem Morgen, als dein Lager
noch naß war von Tau und die Nelke
an deinem Herzen schlief,
den dunklen Fluß sahst,
der an dir vorbeizog.

Die Saite des Schweigens
gespannt auf die Welle von Blut,
griff ich dein tönendes Herz.
Verwandelt ward deine Locke
ins Schattenhaar der Nacht,
der Finsternis schwarze Flocken
beschneiten dein Antlitz.

Und ich gehör dir nicht zu.
Beide klagen wir nun.

Aber wie Orpheus weiß ich
auf der Seite des Todes das Leben,
und mir blaut
dein für immer geschlossenes Aug.

## *Rose Ausländer*
## *Orpheus und Eurydike*

Schwarzer Sang
schläft in deiner Leier
Orpheus
Auf dem Fensterkreuz hängt sie
von Spinnen bewacht

Rühr die Saiten
dein Lied ist ein Rabe
über Eurydikes Grab

Weiß die Gefilde unten
Gebeine bleichen und schweigen
Senk hinunter dein Lied
Orpheus
daß die Seufzer der Saiten
das Weißfeld erreichen
schieb das Echo
von Schatten zu Schatten

Hol die Leier vom Fenster
Eisblumen brennen
Pflück ein paar Blätter
starr wie Eurydikes Lippen
streu sie auf ihr Grab

Spiel ein gefrorenes Lied
einem Raben vor
der kennt den melodischen Namen

den Schlummernden wird er rufen
beschwören den Hüter
dir den Schatten zu schicken

Der Rabe krächzt
EU RY DI KE
    RY DI KE
Begraben im Schnee
das Tor der Gewesenen
Greif in die Saiten
Orpheus
schieb das Echo
von Schweigen zu Schweigen

Laß schlafen die Leier
am Fenster
Orpheus
schnitz eine Gitarre
aus härterem Holz
sing einen Sang
von schärferen Tönen
für Eurydikes ohrloses Lauschen

Spiel deine Trauer
ans Herztor der Tauben
schieb das Echo
von Schatten zu Schatten
im elysischen Licht

Vielleicht
erreicht dein Lied
die Geliebte
sie wendet sich um
und folgt dir

## *Hilde Domin*
## *Brief auf den anderen Kontinent*

Sieh dich nicht um
nach mir

Eurydike
immer mit dir

die Hand
deine Schulter berührend

unter den fernen Bäumen.

## *Günter Kunert*
## *Orpheus I*

Nicht umdrehen.
Der Sänger drehe sich besser nicht um.
Ein leichter Schritt, ein schleichendes
Schreiten, ein feines Getrappel,
pulsjagendes Stöckeln: sie
folgt mir schon, folgt meinem Lied,
folgsam Trochäen und Jamben: Schreiten
heraus aus verstorbenem Gestern wir beide:
Hinter der Kunst kommt
die Zukunft voran.

Der Sänger drehe sich besser nicht um.

## *Wolfgang Hilbig*
## *evokation*

manchmal erwacht ich: musik meiner zähne
im eintönig sterbenden schwarzblauen laub –
und rauchendes mondlicht verwehte im zimmer
aus einem echo traumentwöhnter straßenzeilen
trogen mich schritte flüchtiges geflüster.

schöne schattin der ich folgte –
die mir entschwand nach einem halben blick im finstren
saum

gähnender gärten die den widerschein der stadt
verschlangen:
war ich nicht selber illusion
unfähig diese straße zu erwecken
verfehlte ich nicht selbst das tor
verfing mich im
gloriosen spuk
der wildnisse auf meinem unbehausten grab –

eiskalte wimpern die ein lorbeer niederhielt
verhallter schlaf als vor mir laub und luft zerstoben –
ich selbst geformt aus der gestalt die lachend mir entkam
doch immer auch gefangen in der kammer meiner zukunft:
der ahnung die ich nie betrat

so schlüpft ich in die schönheit einer göttin
oder tönte
erinnerung auch ohne mich zur leeren nacht:
licht ließ das leuchten ihrer zähne blitzen –

## *Hans-Ulrich Treichel*
## *Orpheus' Abgesang*

Warum sollte ich stören
meine schlafende Zunge; warum

erschrecken friedliche Wunden,
schmecken was Schweiß und umarmen

was Fleisch heißt; warum beschweren
mit Wind meine Haare und warum

betrügen Steine und Staub.

## *Christoph Meckel*
## *Der alte Orpheus*

Blind geworden bist du, Alter, taub
und träg an deiner Kurbel; gestern kam
den Boulevard hinab im Schlendergang
der Tod als Straßenjunge, pfiff sich eins
und warf, so im Vorbeigehn, eine Ratte
in deinen Leierkasten; nun tropft Blut
aus den verstimmten Walzern, die du drehst
das Publikum spuckt aus und geht vorbei
du bist allein, nicht mal mehr deiner Muse
bist du das Futter wert; der Straßenjunge
dein kleiner Bruder, hat dich reingelegt
und hättest du nicht deine Freunde, uns
die dich ablösen, Dichter und dergleichen
gäbs keinen Groschen mehr für dich, nicht Melodie
noch diesen bittren Rest Unsterblichkeit
den dir gelegentlich ein Vers von uns
spendiert samt Knochen für den Blindenhund;
stumpf ächzt der tote Ruhm auf deiner Walze
und deine Carambagen leiern trist,
Musiken aus der Morgue des Traums, ins Ohr
der Dichter, die dir noch die Stange halten.

## *Ulla Hahn*
## *Verbesserte Auflage*

Nur noch wenige Schritte dann
wird sie ihm wieder gehören hören
beschwören sein Lied das ohne sie
ihm versiegt. Hals Nase Ohren
die Augen die Haare den Mund
und so weiter wie
will er sie preisen allein
zu ihrem ewigen Ruhm.
Als eine Stimme anhebt.
Orpheus hört:
die zum Lauschen Bestellte fällt
singend ihm in den Rücken.
Da
dreht er sich um und
da
gleitet aus seinen verwirrten Händen
die Leier. Die Eurydike aufhebt
und im Hinausgehn schlägt in noch
leise verhaltenen Tönen. Hals Nase Ohren
die Augen die Haare den Mund
und so weiter wie
will sie ihn preisen allein
zu seinem ewigen Ruhm.
Ob Orpheus ihr folgte
lassen die Quellen
im Trüben.

## *Sarah Kirsch*
## *Die Verdammung*

Weil ihm zu sterben verwehrt war
Angekettet dem heimischen Felsen der Blick
Auf die ziehenden Wolken gerichtet und immer
Allein die Bilder im Kopf stimmlos
Vom Rufen Anrufen Verdammen
Das Leben fristen war nicht zu bedenken
Göttliche Hinterlist nährte ihn so gewöhnte
Er sich langsam ins Schicksal nach Jahren
Sah er den Adler gern wenn er nahte und sprach
Stotternd mit ihm bei der Verrichtung

Oder mit entzündeten Augen verrenktem Hals
Weil der Flügelschlag ausblieb die niederen Wälder
Aufschub ihm angedeihn ließen um Tage
Harrte er des einzigen Wesens und glaubte
In der Leere des Winds der glühenden Sonne
Wenn der Fittiche Dunkel fürn Augenblick
Erquickung schenkte geborgen zu sein
Liebte den Folterer dichtete Tugend ihm an

Als die Ketten zerfielen der Gott
Müde geworden an ihn noch zu denken
Der Adler weiterhin flog weil kein
Auftrag ihn innezuhalten erreichte
Gelang es ihm nicht sich erheben den
Furchtbaren Ort für immer verlassen
In alle Ewigkeit hält er am Mittag
Ausschau nach seinem Beschatter.

## *Kurt Bartsch*
## *Prometheus 70*

Nur manchmal
Wenn die Zentralheizung streikt
Oder die Kohlen
Unpünktlich kommen
Läuft dem
Ans Eigenheim Gefesselten
Die kleine
Alltägliche Laus über die Leber.

## *Ursula Krechel*
## *Privateigentum*

Die weiße Suppenterrine
die da auf dem Bord
die kleine mit dem Haarriß im Deckel
aus dem Puppenservice meiner Mutter
Vorsicht
wir bewahren unsere Hoffnungen darin auf.

*Erich Fried*
## *Vorahnung des Endsiegs*

Sisyphos
staubig
und satt
vom Mehl
seines Steines
hat Angst:
Der Stein
nützt sich ab

Die Sinnlosigkeit
der ewige
verfluchte
Sinn seiner Arbeit
selber
vom Fluch geschlagen

Kleiner
dem schwindenden Stein gleich
das Mitleid der Schatten
das ihm Kraft
zur Ohnmacht gegeben hat

Bald rollt nur
ein Kiesel
am geschundenen Steilhang
Was bleibt?

Nichts als die Qual
seine Qual
überlebt zu haben

## *Hans-Ulrich Treichel*
## *Sisyphos' Dementi*

Ich bin gesund.
Ich rasiere mich täglich.
Ich trage ein gebügeltes Hemd.
Darauf bestehe ich.
Nur der Staub macht mir zu schaffen.
Alles andere ist falsch:
Der Berg auf dem ich wohne
ist nicht so hoch wie ihr glaubt.
Er ist gar kein Berg.
Und der Stein war schon bald
nur noch der Rest eines Steins.
Vor ein paar Jahren ist er mir
in den Ausguß gerutscht.
Seitdem sitze ich hier
und gebe Erklärungen ab.
Alles andere ist falsch.

*Hans Magnus Enzensberger*
## *Anweisung an Sisyphos*

Was du tust, ist aussichtslos. Gut:
du hast es begriffen, gib es zu,
aber finde dich nicht damit ab,
Mann mit dem Stein. Niemand
dankt dir; Kreidestriche,
der Regen leckt sie gelangweilt auf,
markieren den Tod. Freu dich nicht
zu früh, das Aussichtslose
ist keine Karriere. Mit eigner
Tragik duzen sich Wechselbälge,
Vogelscheuchen, Auguren. Schweig,
sprich mit der Sonne ein Wort,
während der Stein rollt, aber
lab dich an deiner Ohnmacht nicht,
sondern vermehre um einen Zentner
den Zorn in der Welt, um ein Gran.
Es herrscht ein Mangel an Männern,
das Aussichtslose tuend stumm,
ausraufend wie Gras die Hoffnung,
ihr Gelächter, die Zukunft, rollend,
rollend ihren Zorn auf die Berge.

## *Christa Alten*
## *Frau Sisyphos*

Täglich treff ich Frau Sisyphos.
Welche Verbrechen hat sie begangen?
Ihren Mann erschlagen?
Mit List ihn betrogen?
Götter beleidigt? Welche?

Täglich Frau Sisyphos
in der Bahn auf der Straße im Spiegel
und ists nicht *der* Stein mehr der klassische große
so sinds andre Steine noch große kleine
morgens die kleinen Kinder wegbringen sie abends holen
einkaufen Essen bereiten die Kinder versorgen sie kleiden
abwaschen Wäsche waschen Wohnung säubern die
kranken Kinder pflegen – der Mann hat zu tun
das ist längst nicht alles
Frau Sisyphos arbeitet täglich
zwei Schichten oder drei
eine wird ihr bezahlt

Täglich Frau Sisyphos,
ihr erschöpftes Gesicht,
bei Engels, Lenin, wie lange noch?

*Rose Ausländer*
## *Ikarus*

Der Himmel fällt
du mußt fliegen
ihn halten

Das hohe Lied der Luft
hält nicht
was du dir versprochen
das Leichte nicht dein Los

Jenseits die Parzen
emsig ohne Schlaf
blind und eingeweiht

Gespinst aus Regenfäden
Flügel oder Leichenhemd?

Mit wem sag hadern
Rippen und Genick

## *Peter Härtling*
## *An Ikarus*

Du konntest dir die
Brust
voller Himmel
füllen,
geschwätzig wie immer.
Ich nicht.
Du redetest dir Flügel
an,
bis wir es glaubten.

Jetzt warte ich
im Hof,
wo Dädalus schreit,
auf die eine,
die einzige Feder
aus dem Flügel,
die mir hilft,
leicht zu sein
wie du.

## *Peter-Paul Zahl*
## *ratschlag während des sturzes*

den fallschirm raus / Ikarus
nicht die sonne wars
nicht die sonne / die dir die flügel stutzte

den kragen herunter / Ikarus
nicht die sonne ists
nicht die sonne / die dich frösteln macht

den sturzhelm auf / Ikarus
nicht die sonne wars
nicht die sonne / die dich vom moped warf

die zähne zusammen / Ikarus
nicht die sonne ists
nicht die sonne / die dir aufs maul schlägt

die fäuste entspannt / Ikarus
nicht die sonne ists
nicht die sonne / die deine deckung durchbrach

laß das fliegen / Ikarus
überlaß es Dädalus / dem alten
lern laufen / Ikarus / lauf

lern laufen / Ikarus / lauf
unter der sonne / Ikarus / lauf

## *Wolf Biermann*
## *Ballade vom preußischen Ikarus*

Da, wo die Friedrichstraße sacht
Den Schritt über das Wasser macht
  da hängt über der Spree
Die Weidendammerbrücke. Schön
Kannst du da Preußens Adler sehn
  wenn ich am Geländer steh

  dann steht da der preußische Ikarus
  mit grauen Flügeln aus Eisenguß
    dem tun seine Arme so weh
  er fliegt nicht weg – er stürzt nicht ab
  macht keinen Wind – und macht nicht schlapp
    am Geländer über der Spree

Der Stacheldraht wächst langsam ein
Tief in die Haut, in Brust und Bein
  ins Hirn, in graue Zelln
Umgürtet mit dem Drahtverband
Ist unser Land ein Inselland
  umbrandet von bleiernen Welln

  da steht der preußische Ikarus
  mit grauen Flügeln aus Eisenguß
    dem tun seine Arme so weh
  er fliegt nicht weg – und stürzt nicht ab
  macht keinen Wind – und macht nicht schlapp
    am Geländer über der Spree

Und wenn du wegwillst, mußt du gehn
Ich hab schon viele abhaun sehn
aus unserm halben Land
Ich halt mich fest hier, bis mich kalt
Dieser verhaßte Vogel krallt
und zerrt mich übern Rand

dann bin ich der preußische Ikarus
mit grauen Flügeln aus Eisenguß
dann tun mir die Arme so weh
dann flieg ich hoch – dann stürz ich ab
mach bißchen Wind – dann mach ich schlapp
am Geländer über der Spree

## *Yaak Karsunke*
## *Ikarus*
## *oder: die dialektik des aufstiegs*

das wachs, das seinen höhenflug beflügelt
schmilzt, eh er auch nur halb erreicht
was er sich himmelhoch als ziel erkor

ach, hätt er seinen aufstieg doch gezügelt
er wäre nicht so tödlich aufgeweicht
(der himmel ist nun leerer als zuvor)

doch war als trost ihm – unschwer – prophezeit
: er stürze sterbend erst sich in unsterblichkeit

## *Ernst Jandl*
## *Ikarus*

Er flog hoch
über den anderen.
Die blieben im Sand
Krebse und Tintenfische.
Er flog höher
als sein Vater, der kunstgewandte
Dädalus.
Federn zupfte die Sonne aus seinen Flügeln.
Tränen aus Wachs tropften aus seinen Flügeln.
Ikarus flog.
Ikarus ging unter.
Ikarus ging unter
hoch über den anderen.

## *Thomas Rosenlöcher*
## *Dädalus*

Am Feldrain stand ich und sah auf zur Sonne,
die brannte lichterloh. Der Acker dörrte.
Das Kornfeld strähnten klirrende Akkorde
und alt war diese Erde, alt,
wer kann das noch ermessen, dachte ich
und harrte aus. Denn in der Zeitung stand,
daß Dädalus vorüberflöge
hoch über diesem Ort.
Ein dunkler Punkt wuchs in der Ferne

allmählich an. Längs einer Ackerfurche
schleppte sich wer. Umging die Maulwurfshügel
und klapperte zum Gruß mit seinen Flügeln
dermaßen hölzern, daß die Lerchen
aufstoben, eine Wolke
vorm Mittagsstern, die sang, bis sie sich legte.
Doch jenem Menschen troff der Schweiß
vom kahlen Haupt. Ich heiße Dädalus
und fliege wie sie sehn trotz dieser Hitze,
sprach er, und über uns geschah
ein kleines Schwirrn von etwas Silbernem,
das einem Schwarm fliegender Fische ähnelte.
Dädalus aber hob kaum seine Braue
und lächelte: Die kleinen Ikarusse,
wer hoch fliegt, fällt tief. Feindlich ist die Luft.
Doch ich muß weiter, meine Flügel drücken,
nicht weit von hier will ich ein wenig ruhn,
den Fluß an mir vorübertragen lassen
und Bäume, Kühe, Menschen nach Bedarf.
Sprach er und ging von dannen, war
noch Stunden später sichtbar in der Ferne,
ein dunkler Punkt. Ich hob die Augen auf.
Verdichtet hatte sich das Blau des Himmels.

# *Odysseus*

## *Hans Magnus Enzensberger*
## *Drift I*

Die Tücher knattern im heißen Wind treibst du
Dein Schrei dein Lied
stäubt über ein altes Wasser aus Irrtum
aus Tränen aus Kalk:
Du treibst durch Betten zahllos, falsch,
Schnee und Blut,
an nächtlichen Vorgebirgen vorbei:
Leuchtkugeln steigen,
die zerrissenen Laken heulen im Wind:
Du treibst, Odysseus,
zwischen den Schenkeln der Täuschung,
ein grausames Wachs tropft in dein Ohr,
die Briefe in deiner Hand verwelken,
die Gesichter zerrinnen im Spiegel,
Städte sind unter dir:
deinem Fleisch und süß wie dunkel du treibst
im heißen Wind, die Treppen knarren
in den Hotels: auf den Schiffen auf einem Tisch
im Tau im Schlafwagen treibst du:
aus den Kissen rieselt Gefieder,
der Schweiß, der zarte Schrei
in der Frühe, die Sonde, der Flug,
das Vergessen, der Strumpf auf dem Sims,
die Turmuhr, die falsche Münze im Mund,
die schwarze Schote: du treibst
ohne Rückkehr, Hirt der Lügen,
Mörder schuldlos im heißen Wind:
Schlag die Augen auf und sieh

diesen Himmel aus Kalk, trink
den Tränenwein: das ist das Harz der Welt,
trink ihn dein Lebtag, er ist alt,
er schmeckt nach vielen Mündern,
nach vieler Nacht, nach langer Drift,
bitter, dunkel, nach Asche.

## *Rose Ausländer*
## *Odysseus*

An Salzwellen anlegen
mein Schicksal ohne Blumen

Gebt mir einen Acker im Meer
ich will ihn pflügen
mit meinem Schiff

Reisen um nicht da zu sein
wo ich bin
um NIEMAND zu sein
ein Schatten im Schattenreich
Unter dem Wasser
webt meine Mutter das Leichentuch
die schwarze Windel

Ich liebe Penelope
nicht
Circe

nicht
Nausikaa
nicht
ich wurde geliebt
Bogen Hand
mein verhaßtes Heldentum

Ich werbe um die unheimliche
Seele des Wassers
sie salbt mich mit Salz

Kalypso
das Gift deiner Wahrheit

## *Hilde Domin*
## *In der Höhle des Polyphem*

Der blinde Riese greift wieder nach mir.
Seine Hand zählt die Schafe.

Fortgehn schon wieder
unter dem Bauch des Widders.
Schon einmal
unter der zählenden Hand.

Die fortgehn
lassen alles zurück

die fortgehn
unter der zählenden Hand.

Die fliehen
vor dem Riesen
nehmen nichts mit
als die Flucht.

## *Christoph Meckel*
## *Der Wein der Circe*

Seit ich mich einquartiert in deinem Haus
wo Himmel mir das Meer, das weiße Meer
den Himmel mir erhellt, und mich erfrischt
viel Tau, Gefunkel, Salzwind und Azur
bemerk ich, vom Erwähnten abgesehn
auch Tierart vielerlei in deinem Haus
das wandert, rennt, erschrickt und mich beäugt
ausdauernd und mit wilder Heimlichkeit;
wer trank von deinem Wein, war hier zu Gast
ließ sich verführen und berauschen, fand
sich wieder hirnlos, sprachlos und vertiert
und brüllt nun sonnenaufgangs vor der Tür
daß seinesgleichen ihn im Sand zerreißt –?
Ein Eber im zerwühlten Laub hebt schwer
den Kopf und sieht mich neidvoll (ich bin nüchtern)
in deinem Schaukelstuhl Orangen schälen
und Zigaretten rauchen in der Nacht
die ich in Schweigen und Gespött mit dir

auf der Terrasse angesichts des weiß
vom starken Bora aufgewühlten Meers
(hindonnernd an verstelltes Nachtgestein)
in eigener Gestalt und unberauscht
(ich goß den Wein geräuschlos in das Gras)
verbringen will – Orangen und Gespräche –
erwähnend unsern alten Freund Homer
der, kann es sein, als jener Eber dort
herschielend voller Argwohn, durch Dickichte,
bemüht, sich zu verbergen, um das Haus streicht
von der Petroleumlampe häufig hell erfaßt
und wartend, daß ich doch, vielleicht, er hofft es,
nocheinmal, später, nächtlich, halb im Schlaf
ein Weinglas leere, falle untern Tisch
und als sinistres Haustier, Geisbock oder Ochs,
zu ihm verärgert mich ins Dunkel schlage.

## *Walter Helmut Fritz*
## *Elpenor*

Elpenor, kein Held,
zu kurz gekommen und wortkarg,
fragte im Hades dann doch:
warum nur
werden wir nie erfahren, was alles
dies zu bedeuten hatte,
warum nur
kommt es uns oft so vor,
als ob wir vertauscht worden wären,

warum nur
ist das Leben ein solcher Gewaltakt –
fragte und hörte
den Widerhall seiner Fragen
und erlebte noch einmal
den Lärm der Gefährten,
das Erwachen aus seinem Rausch,
den Sturz vom Dache des Hauses.

## *Christoph Meckel*

Circe! Circe! lächelnd
        mit nackten Brüsten
lag sie und rauchte, als ich
        vom Meer erzählte.

## *Peter Huchel*
## *Odysseus und die Circe*

Mit einem Topf,
von Feuer berußt,
das reine Wasser aus dem Bach
zu schöpfen,
ist eine Kunst.
Nimm doch den Helm ab,
Odysseus.

So höhnte die Stimme
der Circe in heißer Luft.
Ich nahm den Helm ab,
da war kein Wasser.

Ich lag in der Hitze
verbrannten Grases,
den Gaumen trocken,
die Haut riß
über den Backenknochen.

Am Mittag,
bei heller Stirn der Berge,
die enge Schlucht. Ich stieg hinab,
den Felsenschutt im Nacken,
Steine fielen
an meinem Kopf vorbei.

Ausgesetzt der hallenden Öde,
hörte ich die Mittagsstimme:
Wenn du im Herzen
die Wahrheit bewegst,
die Lüge bewegst,
die List,
erschlagen dich die Steine.

Eingeklemmt
in narbigen Fels,
mit nassem Rücken,
die Knöchel zerschunden,

schmeckte ich die grillige Stimme
und sah im Dunst des Steinschlags
die Augen einer Quelle.

### *Ernst Jandl*
### *porträt eines mädchens*

blond

bllllllllllllllllllllllllllllllllllllllllllllll

auäugig

s
/
/
/
/
/
s
/
/
/
s
/
/
s
/
ssssss

irene

## *Erich Fried*
## *Auf der Heimfahrt nach Ithaka*

Zwischen Niewieder
und Immerwieder
das Glück
oder das
was ihm ähnlich sieht
was zurückweicht
beim Näherkommen
aber winkt
als gäbe es es
(als gäbe es dich
als gäbe es mich
als gäbe es
ein Uns-einander-Geben)

Es ist natürlich
leicht erkennbar
als Unglück
aber nur
sekundenlang
nur mit aufgerissenen Augen
die noch brennen
nach einem Blick
auf das Glück

Dann lockt es wieder
mit halbgeschlossenen Lidern
und was so lockt
– meint man –

kann doch das Unglück
nicht sein

Das Unglück
oder das Glück
was immer es ist
hält seine schmale
zerbrechliche Hand
im Schoß
und hält seinen Schoß
in der Hand
und hat helles Haar
und spricht
oder singt
mit weicher Stimme
für Ohren
die sonst nichts mehr
hören wollen
als es

## *Erich Fried*
## *Klassische Entscheidungsfreiheit*

Im Mittelländischen Meer
woher unsere Kultur stammt
fand freie Wahl statt
zwischen Scylla
und Charybdis

Es hieß zwar die beiden
hätten sich heimlich verbündet
doch die meisten entschieden sich
für die eine
oder die andre

Sonderbarerweise
blieb keiner von ihnen
am Leben
außer Odysseus
Der erkannte die Wahl nicht an

## *Peter Huchel*
## *Hinter den weißen Netzen des Mittags*

Nicht kamst du von den vier Quellen,
Die einst ein Schicksal umflossen.
Doch hinter den weißen Netzen des Mittags
Warst du der Schatten der Nymphe
Mit meerkühlen Augen,
Ein Sternbild auf der Hüfte,
In keiner Himmelskarte zu finden.

Die Sterne verlöschen.
Nicht zähle die Jahre, zähle die Stunden.
Du schrittest unter Felsen den Weg.
Es wehten die weißen Netze des Mittags.

Unrast der Ferne,
Sinkender Himmelsstrich.
Das Licht vor der Küste
Zersplittert am Wind.
Und immer noch
Die rauhe Klage, erstickt
Im salzigen Rauch der Felsen:

Ich schwamm vor der Brandung
Und sah die Insel.
Da riß mich hinab
Der eisige Sog,
Mich schleudernd
Durch Feuer mitten im Wasser.
Mein Mund berührte das schwarze Gras
Und grub sich ein in purpurne Schatten.

Zwischen Himmel und Klippe
Die Drift der schreienden Vögel.
Ich lag am Strand,
Gefesselt im Garn der Algen,
Mit brennender Lippe
Vor einer Muschel.

## *Oskar Pastior*
## *Licht auf Nausikaa*

Wir gingen beide durch das heiße Land;
ich hielt Nausikaa an meiner Hand.

Nausikaa war gut und klug und braun.
Ich Taugenichts mußt' auf die Tauben schaun.

Und wo das Wasser aus der Erde drang,
Da lag ich wiesenweit und stundenlang ...

Die Eichen rauschten abendwarm und nah,
doch zu dem Dorf zog mich Nausikaa.

Und klopfte an die Türe, die sie traf.
Ich sah den Mond. Sie bat um Milch und Schlaf.

Noch aus dem Heu rief mich das Horn ins Land –
Nausikaa hielt mich an meiner Hand.

Da durch die Schindeln kam es weiß herab,
Licht auf Nausikaa, den Wanderstab.

*Günter Kunert*

## *Nausikaa I*

Fand mich. Schickte fort
die Freundinnen.
Unter Sonnengeißeln, unter dem Gebüsch
am Strande,
unter Stöhnen, Stammeln wirrer Worte,
löste sich die ganze Insel
der Phaiaken
auf in Lust, in Leiblichkeit,
bis am Ende nach dem Ende
nur ihr Körperabdruck blieb im Sand
zurück: größte Kostbarkeit,
die ich je zurückgelassen, und ihr wißt:
selten nur ließ was zurück
Odysseus,
außer seinem Samen, voller Zweifel
an irgendeine Wiederkehr
irgendeines Augenblickes.

## *Marie Luise Kaschnitz*
## *Nausikaa*

Komm wieder ans Land
Tangüberwachsener
Muschelbestückter
Triefender Fremdling
Du
Noch immer der alte
Voll von Männergeschichten
Fragwürdigen Abenteuern
Lieg mir im grasgrünen Bett
Berühre mit salzigen Fingern
Mein Veilchenauge
Meine Goldregenlocken
Fahr weiter nach Ithaka
In dein Alter in deinen Tod
Sag noch eins
Eh du gehst.

*Rose Ausländer*
## *Nausikaa*

Schiff und Zikadensilber
Schnuppen die Blaubucht entlang

Der Wandrer erwacht
zersplitterte Sterne im Blick
Nausikaas Antlitz aus Tau
taucht auf
und spiegelt sich doppelt
in seinen Pupillen
Ihr Haar löst sich
von den Strähnen der Meteore
strömt nieder und schwemmt
die Jahrzehnte weg
Ihre Hand voll Muscheln und Mondschaum
läßt alles fallen

Sie sammelt das Meer
Gestirn und Gestade
und setzt sie zusammen
Sie sammelt den Fremden
Zelle um Zelle
und setzt ihn zusammen
Sie färbt die Erde
mit Nausikaa-Atem
hängt das Amulett
um Odysseus' Hals
und führt ihn zum Vater
im neugeschliffenen Weltall

## *Cyrus Atabay*
## *Meditation am Webstuhl*

Verzweifle am Turnus der Dinge und schwöre ihm ab:
du schaffst ihn nicht aus der Welt.
Das Unaufhörliche hält nicht inne,
es wiederholt die Muster und erneuert den Umlauf.
Darum will ich nicht ins Detail gehen,
das tun schon andere und meinen,
der Ausschnitt erschöpfe das Ganze.
Was dich einmal entrückte,
so der Geruch der Mahd
oder das Licht nach einem Gewitter,
wird dich immer bezaubern:
Dort gilt es den Faden wieder aufzunehmen,
weiterzuknüpfen an dem Gewebe,
dessen Maschen die Schattenhand löst.
Du mußt die Buhler, die dich von der Vergeblichkeit
 deines Unternehmens
– mit immerhin bestechenden Argumenten – über-
 zeugen wollen,
ausbooten.
Einzig den Freier erhoffend, der den Bogen nimmt,
den keiner zu spannen vermochte,
dich an die Sehne legt, den Pfeil,
der durch die Ringe fliegt,
treffend die zeitlose Mitte.

## *Thomas Rosenlöcher*
## *Heimkehr des Odysseus*

Von ferne Rauch. Dann Wald
aus Schrott. Gebirge von Geröll.
In einem Keller eine Vettel
und ringsum aufgestapelt Männer,
die wir begruben. Ein Jahr Arbeit.

Wo sollte ich mein Ithaka noch suchen.

Ich blieb. Aus Löchern kroch etwas
wie Menschen. Ich verhieß:
Dies Land wird Ithaka
und unser sein. – Sie setzten das Geröll
zu Häusern auf. Doch wenige Gefährten.

So waren Wunder nötig: Ich erkannte
in jener Vettel Penelope wieder
und legte fest, daß sie von Schönheit sei,
und ich, Odysseus, unbeirrbar.

Die Berge ließ ich zum Beweis
umbrechen, bis sie meinem Haupt,
das längst von Frösten kahl war, glichen –

doch die Bewohner wandten sich,
von Fleisch geknebelt, in die Häuser ab
und murrten lautlos, seltsame Kyklopen.

Da saßen die Gefährten sicher
und wuchsen fest, Kentauren,
indem die zartgemaserten Gesäße
den Lauf der Zeit in Jahresringen zählten,
so daß, wo Mensch war, schon der Stuhl begann.

Doch eines Nachts, als sich der Himmel
wie sonst nie überm Ozean weitete,
stand über mir im Raum ein Schiff,
von dem ein schwaches Licht auf dieses Eiland fiel.

## *Ernst Jandl*
## *odyss bei den polsterstühlen*

auf den knien eines fetten stuhles
sitzt odyss am schreibtisch, memoiren schreibend.
wird er müde, lehnt er sich zurück und
dreht das radio an, stampft mit dem fuß
seinen eigenen takt und summt: thalatta, thalatta ...

»ich bin leider nicht musikalisch. als junger
mann tropfte ich mir einmal wachs ins ohr.
sie wissen, wie verrückt ... thalatta – ja,
ein magisches wort ...
und das bleibt plötzlich hängen ... oder kommt
   wieder ...
manchmal fühlt man sich alt ...«

schöne weiße blätter beschreibt er. nur ans licht
darf er sie nicht halten – so, aus gehobener hand.
es verwirrt. denn jedes blatt
trägt das wasserzeichen der gattung.

so ist der listenreiche zum weisen endlich geworden,
ein zahnloser kiefer am federstiel.
er schreibt:
»ruhe und klarheit lernt man von alten bäumen.«
er schreibt:
»keiner springt über den eigenen schatten.«
er schreibt ein vorwort zu einem
ungelesenen buch.

sehr fern steht eine frau, die nicht
weiß, was ihr wiederkommt.
ihr auge will eine möwe werden.
aber nur eine dicke gelbe fliege
brummt mißvergnügt landeinwärts.
da wendet sich die frau und weiß:
es gibt keine umkehr mehr.

## *Peter Huchel*
## *Das Grab des Odysseus*

Niemand wird finden
das Grab des Odysseus,
kein Spatenstich
den krustigen Helm
im Dunst versteinerter Knochen.

Such nicht die Höhle,
wo unter die Erde hinab
ein wehender Ruß, ein Schatten nur,
vom Pech der Fackel versehrt,
zu seinen toten Gefährten ging,
die Hände hebend waffenlos,
bespritzt mit dem Blut geschlachteter Schafe.

Mein ist alles, sagte der Staub,
das Grab der Sonne hinter der Wüste,
die Riffe voller Wassergetöse,
der endlose Mittag, der immer noch warnt
den Seeräubersohn aus Ithaka,
das Steuerruder, schartig vom Salz,
die Karten und Schiffskataloge
des alten Homer.

## *Christoph Meckel*
## *Odysseus*

Was bleibt mir zu tun
und wo kann ich hin gehn
da doch alles feststeht im Buch des Dichters
das mich überliefert mit meinen Göttern
Häusern, Inseln, Frauen, Adressen.

Bleibt mir zu leben nur ein Echo
wo mein Zuhaus ist: zwischen den Zeilen
stumm und prosaisch
im undeutbaren Rest, im Schweigen
wo sich, Worte reissend, entzieht
der Raubvogel Leben
mein Name, mein Irrweg.

Kann ich nocheinmal anfangen? Untertauchen
hinter dem Rücken des Dichters
mit meinem Namen
ich, Odysseus, unauffindbar
in Büchern, tatenlos, ruhmlos, schweigend
von Vergleichen nicht mehr getroffen
wirklich zuletzt
und im Fleisch, vorhanden?

Meine Geschichte dauert nur in der Asche.
Wenn vergangen sind Versmass und Götter
endlich vergangen sind die Strophen des Alten
wird auch mein Name frei, und ich
mach mich auf die Socken, ich such mir

eine Heimstatt, gottlos, spurlos
nicht länger Stoff für eine Ballade.

Nicht länger Stoff für irgendetwas
ausser mir selber. Keine Krone
kein Ithaka, und keine Heimkehr
in ein rechtmässiges Bett. Vergänglich
ein vom Tod geschüttelter Knochen
Glück oder Unglück
arm, reich, rechtlos
schüttle ich ab, ich schüttle alles ab
und schlag mich durch ins sterbliche Licht
und komme, zu leben!

# *Götter und Halbgötter, Heroen und Heroinen*

## *Ernst Jandl*

flöda und der schwan
der weiche schwan
flöda und der schwan
das doppelte fottchen
flöda und der schwan
das weiche fottchen
flöda und der schwan
der doppelte schwan

## *Erich Arendt*
## *Lemnos*

In der
Stichglut des Himmels,
worfelnd
der Erde Spreu,
die einsame Hand.

Schläfen,
dorngekrönt vom Licht.
In Blickenge,
rings, die schwarzen Häupter
des Gottes, feuergehöhlt.

Die Sage geht
unterm lemnischen Mond,

knochig über
meteorischem Land:

Einst,
aus der Leere oben,
stürzte der Gott, erdwärts
gestoßen, der schrie. Seither
im Zorn, nächtens,
die Erde zeigt
Zähne aus Feuer.

Wenn auf Dächern starr
Schlaf liegt, ab-
gestorben die Hand
wandernde Schatten träumt,
Schatten:

Das wilde Silber
der Fische blindäugig
wächst!
              Da sucht
der Schlafende seine
treibende Hand: Schon
unter den blanken Schnäbeln
des Himmels
der Gott klagt, der arme
Mensch.

## *Paul Celan*
## *Der Pfeil der Artemis*

Für Alfred Margul-Sperber

Die Zeit tritt ehern in ihr letztes Alter.
Nur du allein bist silbern hier.
Und klagst im Abend um den Purpurfalter.
Und haderst um die Wolke mit dem Tier.

Nicht, daß dein Herz nie Untergang erfuhr
und Finsternis nie deinem Aug befahl ...
Doch trägt vom Mond noch deine Hand die Spur.
Und in den Wassern sträubt sich noch ein Strahl.

Wie soll, der über himmelblauen Kies
sich mit den Nymphen drehte, leicht,
nicht denken, daß ein Pfeil der Artemis
im Wald noch irrt und ihn zuletzt erreicht?

## *Cyrus Atabay*
## *Aktaion*

Kein Mann –
wenn er ein Mann war –
erzählte am Lagerfeuer:
»Da sah ich – – –«
(Die Sklaven prahlten,
ihre Windbeutelei verriet,

daß sie nicht ahnten, um was es ging.)
Wir wußten alle,
welch hohen Preis wir entrichten mußten,
schwiegen,
begnügten uns mit Wachteln und Schnepfen,
Trauben und Ziegenkäse,
rasteten und brachen auf,
immer auf der Fährte
des *einen* Wilds:
Artemis.

Man verlor kein Wort darüber,
daß der Abschied
immer in der Schwebe lag,
der Jäger, der die Beute erpirscht,
nie zu den Gefährten
wiederkehrte.

Als ich die Zweige teilte,
dich unter dem Sturzbach sah,
erschaute mein Auge
deinen Lebensgrund,
dein Bild blieb unversehrt
im Gedächtnis zurück.

Ich setzte der Zaubermacht,
die von mir Besitz ergriff,
keinen Widerstand entgegen;
ich war ja an der Wandlung beteiligt,
die Goldwerdung zu einem Hirsch
entsprach meinem innerlichen Weg.

Doch in der Ferne
schlugen die lakonischen Hunde
schon an,
die lokrischen und kretischen Rüden,
die ihren Herren
nicht wiedererkannten!

*Nachtrag:*
Einige sagen,
daß er »der Schönheit
des reinen Seins
erlag«.
Andere,
daß er »sein Leben
für die vollendete Form
in die Schanze schlug«.
Was immer auch die Legende
von ihm künde,
der das Wunderbare stellte,
wenn euch dies eine Genugtuung ist,
so hört:
zerrissen wurde er immer,
in allen Erzählungen,
die über Aktaion
berichten.

## *Erich Arendt*
## *Niobe*

Für Wieland Förster

Stein alles –
                    mein Blick.
Windtot das Gesicht
meines Baumes.
                          Zerweint ist
                          der Stolz. Trauer-
gehöhlt
das Auge der Stadt.
Fels, gespaltener, Fluch
flehend
            die Lippe mir.
                    Unterm Schwarzhaar
                    fühllos
                               Schärfe:
echohart, vom Schwirrn
des Todes: so
                  ausgeweidet
                  der Geburten Leib! nur
ins Reglos immer
das Starrn noch,
                          steinern ab
zum Meer,
unterm Gelächter, engen,
des Himmels: Hohn
aufs Nievergessen.

Wenn aber
die Eis-
Rose schmilzt,
fernblickende, ich
steh
in der Gipfeltiefen Donner,
(der soll
brechen das weiße Gelächter
oben, daß endlich
Gras wachse . . .)
seine, die Stämme
sich winden, dürr
und dürrer, in meinem
verwaisten Schmerz.

## *Johannes Poethen*

Seit jahrtausenden knie ich
bekleidet vom ölbaum

im kreislauf des wassers
denn meine stirn ist rein von zeit.

Die sonne schlug dich der quelle ans herz.

So knie ich in der mitte der welt
über dein grab gepflanzt
am quellgrund meiner reinheit.

Wenn ich aufsteh die adler zu schaun
steigst du hinter mir hoch
am steilhang des augenblicks.

## *Peter Huchel*
## *Aristeas*

Die erste Frühe,
als im Gewölk das Gold
der Toten lag. Es schlief der Wind,
wo im Geäst
die nebelgefiederte Krähe saß.

Der Vogel flog,
sein Fittich schlug das Licht
im Erlengrau,
die milchige Haut der Steppe.

Ich, Aristeas,
als Krähe einem Gott gefolgt,
ich schweife,
vom Traum gerissen,
durch Lorbeerhaine des Nebels,
mit starrem Flügel den Morgen suchend.
Ich spähte
in schneeverkrustete Höhlen,
Gesichter, einäugig, feuerbeschienen,
versanken im Rauch.
Und Pferde standen, vereist die Mähnen,
an Pflöcke gefesselt mit Riemen aus Ruß.

Die Krähe strich
ins winterliche Tor,
strich durch verhungertes Gesträuch.
Frost stäubte auf.
Und eine dürre Zunge sprach:
Hier ist das Vergangene ohne Schmerz.

## *Gerhard Falkner*
## *liebe, schönheit, koizid*

in den kindstagen
draußen
bei den vergewaltigungs-
hainen
apollon in waffen
die rohe schönheit
in wucherndem licht

vom hochblau
des meeres umfacht
aber
blind und in scherben
die ausgeschäumte
die schamzersprungene
venus

## *Karl Krolow*
## *Schattenspiel*

Körperkräfte der Schatten.
Ein Bündel Kerzen
leuchtet ihnen.

Im Stearingeruch
tragen sie eine Venus ohne Kopf
vorüber.

Aus den Ziegeln
reicht der Arm eines Verfolgers,
der sie einholt,
ehe das Zimmer wieder schwarz wird.

Das Bett im Winkel
brennt bis gegen Morgen.

## *Erika Burkart*
## *Das verlorene Wort*

Als ich schlief im Schatten der Säule
trat aus dem Minzengeruch
die weiße Göttin zu mir.

Sie sprach in fremden
Zungen des Traums
ein Wort, darob ich

seltsam erglühte
und das ich verlor
im erwachenden Sinn.

Durch die Lider hindurch
sah ich sie gehn
drei Stufen hinab
gesetzt für das Maß
ihrer herrlichen Schritte.

Zwischen den Säulen stand nah
dasselbe Gestirn,
das die Alten sahn.

## *Rose Ausländer*
## *Im Labyrinth*

Ein Knäuel Worte
Ich halte den Faden
im Labyrinth

In deiner Iris
Irrgänge aus Spiegeln

Ich finde zurück
zu den Linien der Lippen

Unzugängliche Fußspur
Stirnfalten entlang

Zögernd taste ich mich
durch das Dickicht
Nicht leicht
hier heimisch zu werden

Von Irrlichtern umzuckt
deine Fingerpfade
Die Monde bleichen

Es tagt
Wir sind im Garten
das Atemfell auf der Haut

Zwei blaue Sonnen
auf mich gerichtet

## *Ulla Hahn*
## *Befehlsform*

Mein Haar
Ein Netzwerk
Verstrick dich

Mein Mund
Labyrinth
Verrenn dich

Meine Haut
Nesselhemd
Verbrenn

Meine Augen
Zwei Seen
Ersauf

Meine Brüste
Schöne Hügel
Ruhe sanft.

## *Sarah Kirsch*
## *Rufformel*

Phöbus rotkrachende Wolkenwand
Schwimm
Ihm unters Lid vermenge dich
Mit meinen Haaren
Binden ihn daß er nicht weiß
Ob Montag ob Freitag ist und
Welches Jahrhundert ob er Ovid
Gelesen oder gesehen hat ob ich
Sein Löffel seine Frau bin oder
Nur so ein Wolkentier
Quer übern Himmel

## *Johannes Poethen*

Die tollkirsche
der schierling
das molykraut

alraune
und aron
und bilse
und mohn

ich träumte der bote käme
wüchse mir im brustkorb
über den schädel hinaus

beflügelt
gut zuredend

ganz hermetisch.

## *Erich Fried*
## *Medusa*

Tot die Titanen
kein Gedanke an Hilfe
Zu spät
Kein Wille
Kein Unwille
Raum ohne Sinn
entzaubert

Leer
Sie will nicht mehr helfen
Sie will nicht mehr rächen
Sie will nicht mehr denken
Sie starrt

Kein Augenzauber
Nur ihr Starren
macht starr
und steinern
Kein böser Blick
stark wie der
leere Blick

Wer sie
aufwecken kann
zur Wut
der bleibt leben
der ist vor ihr sicher

Wenn sie
wieder
Tod bringen
will
verliert sie
die tödliche
Kraft

## *Günter Kunert*
## *Medusa*

Anfangs habe ich sie nicht erkannt
nicht als sie kam
nicht als sie stehenblieb
trotz ihrer Lockenpracht nicht
die von selber sich ringelt
trotz ihres innigen Lächelns nicht

doch seither

finden mich viele Besucher
versteinert.

## *Dagmar Nick*
## *Freundschaft*

Morgens, wenn ich erwache,
liegen die Graien in meinem Bett
und behaupten, es wäre
noch Nacht. Schöngesichtig
fand ich sie nie
mit ihren leeren Mündern,
die mir das Sprechen
beizubringen versuchen. Aber
sie rühren mich an,
wenn sie mir, die ich alle
Zähne zum Fletschen habe,

ihren Einzahn anbieten:
zur Verteidigung – obwohl ich doch
ihre Tarnkappe
viel nötiger hätte.

# *Natur*

## *Johannes Bobrowski*
## *Nymphe*

Zeit der Zikaden, weiße
Zeit, als der Junge am Wasser
saß, die runde Stirn
auf die Arme senkte. Wohin
ist er gegangen?

Wege sind
durch den Wald,
verborgne. Da hol ich ein blutendes
Kraut. Auf die Steine leg ichs,
ruf hinterm Rain den jagenden
Häherschrei, hell.

Und ergrünenden Blicks
taucht sie im stäubenden, weichen
Erlenschatten herauf.
Syrinx, dein Ach, ein Geklirr,
fährt durch die Büsche.

*Marie Luise Kaschnitz*
## *Narziß*

Auswanderer verkrümmt
Am Rand des Schlafes
Kauend die bitter
Berauschende Laubstreu
Erinnerung.

Knabe Narziß gebeugt
Über lichtloses Wasser
Suchend sein Spiegelbild
Tief unter keinem Himmel.

Sehnsüchtiges Ich und Ich
Zwiesprache haltend nächtlich
Seltsames Liebespaar
Sinkend von Meer zu Meer

Verschmolzen endlich
Einen Augenblick
Hochaufgerichtet
Haar im Sphärenwind

Und niederfahrend
Riesig blind
In den Abgrund
Der Träume.

## *Karin Kiwus*
## *Herr und Knecht*

Narziß ist ein aufmerksamer Beobachter
  nicht die geringste Bewegung
    seines Gegenüber entgeht ihm

Beide sind unruhig
seit einiger Zeit

Wenn sein Gefährte meint
  der Wasserspiegel
    sei nicht mehr klar wie zuvor
kann Narziß beweisen
  nur der Schatten einer Wolke
    hat das Bild getrübt

Wenn sein Gefährte meint
  sich mit den Fischen zu tummeln
    müsse heiter sein und bewegt
gibt Narziß zu bedenken
  bald sind alle entglitten und das ganze
    ist ein kindisches Spiel

Wenn sein Gefährte meint
  das Meer
    stünde ihm offen jederzeit
muß Narziß warnen
  es ist weit und am Ende
    ein Untergang

Narziß wird immer gute Gründe haben
und sein Gefährte wird alles einsehen
denn er ist verständig und hat Sinn
für entwaffnende Vorstellungen

An einem lauen Spätnachmittag aber
wenn Narziß selbstvergessen
seinen Blick ruhen läßt
wird sein ergebener Freund
sich aufbäumen
Lichtpfeile bündeln
und ihn blenden

## *Dagmar Leupold*
## *Narziß und Echo I*

Hera fand Gefallen
an der Nymphe Echo
und ihrem Plappermaul
– ließ sie gewähren,
statt zu strafen.

So rief Echo,
als Narziß vom
eigenen Bild gebannt
fast ins Wasser fiel,
selbst vorlaut:
Das bist doch du!

Er wandte sich um,
und seine Neugier
galt ihr.

Keine Narzisse wuchs,
doch beider Rede
wurde Schrift.

## *Sarah Kirsch*
## *Der Meropsvogel*

Der große
Sehr schöne Meropsvogel
Fliegt schon im Frühjahr kaum zeigt sich ein Blatt
Davon in den Süden wo Schatten
Höchst senkrecht fallen der Stein
Warm wie meine Augen-Blicke auf ihn

So hab ich gelernt: groß ist er stark schön wie
Ein Mensch und weiß man von ihm
Hört die Sehnsucht nicht auf. Er fliegt doch er sieht
Fliegend zurück, er entfernt sich, nähert sich trotzdem.
Über die Augen. Das Blut. Zum Herzen. O schöne Sage!
Ein
Springen von Stein zu Stein; Hoffnung
Wo Raum und Zeit sich
Zwischen uns legen. Und kommt er wieder? Er kommt.

Herangesehnt zurückgewünscht erwartet erwartet
So blickt er fliegend zurück, mich nicht an.
Er naht er entfernt sich.

## *Johannes Bobrowski*
## *Dryade*

Birke, kühl
von Säften, Baum, der Atem
in meinen Händen, gespannt
Rinde, ein weiches Glas,
aber zu spüren tiefer
Regung, die Dehnung hinauf
im Stamm,
den Verzweigungen zu.

Laß,
in den Nacken hinab,
laß fallen dein Haar, ich hör
in meinen Händen, ich hör
durch die Kühle, ich hör ein Wehen,
hör anheben die Strömung,
steigende Flut,
den Taumel
singen im Ohr.

## *Karl Krolow*
## *Die Traurigkeit ist eine Geschichte*

Das tut nichts. Aus Abtun wird Töten.
Baumfällen, ein Todesfall: schon geschehn.
Ein schöner Satz verbirgt seine Wahrheit,
die keiner kennt, wie Dryaden

aus altertümlichen Bäumen
entflohen, wenn Laub und wenn Leben
am Boden liegen, und der Bagger greift
und begreift nichts. Er reißt

als ein technisches Tier diesen Wald,
wie eine Mauer. Er tut es. Nichts andres.
Die Traurigkeit ist eine Geschichte,
ein Lied, ein Abenteuer des Kehlkopfs.

## *Hilde Domin*
## *Geborgenheit*

Morgens in der weißen
Geborgenheit einer Badewanne
ohne Wasser
denke ich an den Baumstamm
in dem ich liegen möchte,
glatt, hell, kantenlos,
als sei ich in ihm zuhause
wie eine Dryade.

Niemand wird mich in
einem Baumstamm
oder in der Wanne
begraben wollen,
auf einem Friedhof
den ich wähle,
weil ihn die Abendsonne trifft,
aber zu dessen Sprengel
ich, die Weggezogene,
die nirgends Eingetragene,
in keiner Kirche, in keiner Stadt,
der die Briefe von Land zu Land
nachgeschickt werden,
nicht
gehöre.

## *Peter Hacks*
## *Das Bad im Freien*

Zwischen Haselstrauch und Tanne,
Vor des Zauns bemoosten Streben
Stehet Chloes Silberwanne.
Chloe steht daneben.
Himmel blau und Wolken weiß.
Mandelröschen sommerheiß.
Chloe tunkt ein Fingerlein
Prüfend in das Naß hinein.

Bald schon wagt sie ein paar Spritzer.
Da sie sich vornüber leget,
Wird ihr Busen etwas spitzer,
Als er sonsten pfleget.
Jetzt so hockt sie sich. Und jetzt
Hat sie sich hineingesetzt.
Wenn der Inhalt überschwappt,
Hat das seinen Grund gehabt.

Mit den Knien säuberlich
Auf dem Rand, die Wädchen drüber,
Hat sie die Natur, hab ich
Chloen gegenüber.
Ihrer Füße Lilienhaut
Ist vom Waldweg angegraut,
Und ich fühle: Freundespflicht
Leistet, der ihr davon spricht.

Freilich, wie zu dem Behufe
Ich mich hilfreich ihr geselle,
Was empfängt mich? Klagerufe,
Püffe, Wasserschwälle.
Warten muß ich fern und still,
Bis sie plötzlich wieder will,
Frauenherz, wer dich begreift,
Daß man ihr den Rücken seift.

## *Peter Rühmkorf*
## *Des fröhlichen Faunen Klagelied*

Kleine Blumen, grünen Kram
wand ich um die Klauen,
und ein braves Wolkenlamm
äste still im Blauen.

Rotdorn schäumte unters Kinn,
süße Sommer-Akne!
Aus der Flut in meinen Sinn
stieg die Schaumgebackne.

Zwölf Joch Verse trieb ich ihr,
holla, von den muntren!
übers knisternde Papier
in des Himmels Tundren.

Ach, die keinen Reim verstand,
ist für Wind gepriesen;
bin ich lustig vorderhand,
winket sie Anchisen.

Abend flaggt schon Schwarzrotgold –
Mit verdorbenen Sinnen,
meine Hoden aufgerollt,
kehr ich mich nach innen.

Hocke blöd und Sitting-Bull
auf zwei stumpfen Schinken.

Laß den Kopf, die schwarze Null
auf die Hemdbrust sinken.

## *Karl Krolow*
## *Natur*

Bei günstigem Wetter
und so schön gesagt
wird alles
zur Prosa eines Liebenden.
Es wurde wärmer, schließlich heiß.
Es war die richtige Zeit,
um noch einmal sich Demeter
und runde Bäuche vorzustellen,
ohne griechisch gelernt zu haben.
Natur ließ sonst
nicht mit sich spaßen.
Erst seit Neuerem
verkommt sie im zu ernsthaften
Gebrauch durch Leute.
Und bei vollem Fortschritt
hat sie auf einmal
ein Recht auf Schwäche.
Ihre Lieblingstiere gingen ein.
»Zu spät«,
seufzen Verantwortliche
für das Lieblingssterben
allerorts.
Chemische Formeln werden

inzwischen von Mund zu Mund
geatmet.
Unsere Liebe Frau aus Griechenland
ist beinahe um ihren Nachwuchs
gebracht worden.
Ihren Lieblingsbauer
schickte sie längst
in frühe Rente.

# *Unterwelt*

## *Günter Eich*
## *Ende eines Sommers*

Wer möchte leben ohne den Trost der Bäume!

Wie gut, daß sie am Sterben teilhaben!
Die Pfirsiche sind geerntet, die Pflaumen färben sich,
während unter dem Brückenbogen die Zeit rauscht.

Dem Vogelzug vertraue ich meine Verzweiflung an.
Er mißt seinen Teil von Ewigkeit gelassen ab.
Seine Strecken
werden sichtbar im Blattwerk als dunkler Zwang,
die Bewegung der Flügel färbt die Früchte.

Es heißt Geduld haben.
Bald wird die Vogelschrift entsiegelt,
unter der Zunge ist der Pfennig zu schmecken.

## *Marie Luise Kaschnitz*
## *Charon*

Lachtaube
Lachtaubenwald
Maiglöckchen
Aronstab
Einäugiger Fährmann

Kinder
Langhaarige drei
Über den Jungfernsee
Hinüber
Herüber

Feine Skelette
Drei
Maiglöckchen
Aronstab
Hinüber
Nicht wieder
Herüber.

## *Peter Härtling*
## *In der Wimsener Höhle*

Charon stottert.
Seine Wörter
fallen mit den Tropfen
und er weiß,
sie werden gesammelt
in den
steinernen Kerzen,
die er wachsen sah
bei seinen Kahnfahrten
hinein und
hinaus,
das Licht fürchtend

und den Lärm.
Einmal,
hofft er,
wird er singen können
und die Höhle
wird sich schließen
hinter seinem
Lied.

*Hanns Cibulka*

DIE SCHATTEN
werden länger,
langsam
schaufeln die Jahre
dich ein.

Vergänglich
sind unsere Wohnungen,
der Weg,
den wir getreten,
schmal,
Charons Nachen
legt an.

Den Lehm,
den du mir gabst,
o Herr,
er ist verbraucht,

walnußgroß
hinter dem Ohr
die Geschwulst,
aus den Augenäpfeln
keltert sich der Tod
den Most.

Fährmann
stoß ab!

Der Kahn,
schwer
von Jahren.

## *Oda Schaefer*
## *Totenfracht*

Ich fahre langsam durch die schwarze Nacht,
Ein Prahm, versunken bis zum Bord
Durch meine Fracht.
Ich bin der Toten Ort,
Meiner geliebten Schatten Fähre
Im mondenlosen Traum.
Beladen bin ich mit der Leere,
Vermißtes füllt den Raum
Wie Schwanenfeder, Schneegewicht,
Und doch so schwer
Von Abschied und Verzicht,
Vom Echo Nimmermehr.

Das dunkle Wasser abgelebter Zeit
Steigt höher, und ich sinke,
Umschlungen von vergangnen Jahren
Wie von verflochtnen Algenhaaren,
Bis ich bereit
Das Wasser trinke.

## *Günter Eich*

IM NEBEL ERTASTET DER UFERRAND.
Wellen lautlos die Füße benetzen.
Wie breit ist der Strom? Kein Drüben bekannt.
Jemand führt dich an seiner Schattenhand
und heißt in den Nachen dich setzen.
Und plötzlich erkennst du das Nebelland,
weißt die Breite des Stromes zu schätzen
und weißt, wer dich führte an seiner Hand
und mit dem Ruder im Nachen stand
und du nennst ihn ohne Entsetzen.

*Reiner Kunze*
*Literaturarchiv in M.*

Unterkellert bis zum Styx

An die wand gelehnt
ein ruder: Charon
liest

Ob er, ehe er den toten übersetzt,
einsicht nähme in das manuskript ...

Nicht noch die nicht gedruckten irrtümer, sagt er

Die lieder liest er
des Orpheus

Er trage sie bei sich seit damals

Wie die liebe, so das lied, sagt er. Das aber sei's
weshalb den tod
keines mehr wendet

Eurydike würde nicht folgen, sagt er

Sagt's
beim ruder an der wand

Und warum lese er des Orpheus lieder hier?

Ein ort der schatten sei's
mit dem licht der oberwelt

## *Günter Kunert*
## *Fotoalbum II*

Ein rechteckig begrenzter Hades
den du manchmal abends betrittst
aus einem ungewissen Verlangen
nach Vergangenheit

Schatten sehen dich
reglos an
In unbequemer Pose mitten unter ihnen
immer einer mit deinem Gesicht
den du zu kennen glaubst
doch das ist ein Irrtum

Es handelt sich um eine Figur
in verschiedenen Phasen des Rückganges
die eines Tages
unablösbar vom Hintergrund wird
(das erfährst du nicht mehr)
und die Gleichberechtigung verliert
mit einem verschneiten Gipfel
einer Welle oder bloß
mit den gestreiften Tapeten
von nebenan.

## *Christoph Meckel*
## *Hekate*

Aber die Mächtigen jagten ihn über die Erde
und warfen Steine auf ihn, daß er floh in den Schatten.
Und wie das Meer die Flüsse aufnimmt
nimmt ihn die Dunkelheit auf zwischen Schnee und
  Röhricht;
Schaum vor dem Mund, geht er
zu Hekates Gemächern hinab im rauchenden Schatten
und es empfangen ihn ihre treuen Hunde
die schweigsam brüten in Trübsinn und finsterer
  Langmut;
dunkler immer und kälter von Schritt zu Schritt
gewährt ihm die Finsternis eisiges Labsal;
Hekates Zähne nur leuchten
wenn sie über den Damm aus Moos und Fischbauch
wandert an ihren Flüssen, ruhlos im Dunkel
das wiederkäut seinen grünen lastenden Qualm.
Schimmernd von Nachtschattengift und Irrlicht
erscheint das Auge der Wandernden zwischen den
  Nesseln
am Wasser und heißt ihn willkommen; in dieser Nacht
wenn die Gewaltigen rufen, wo er geblieben ist
liegt er Leib an Leib mit den frierenden Hunden,
Finsternis hat seine Füße verschlungen,
sein Kopf hängt ins Wasser, und die Mäuler der Hechte
betasten ihn sanft in den dunkleren Flüssen.

*Ernst Meister*

Als wär er
aus Granit: so
den Kopf spürend . . .
Laß, Zöllner, mich vorbei,
daß ich mich niedersetze
in deinem Nichtland,
die Augäpfel in den Händen . . .
da käme sie, sehr jung,
von Schlaf betäubt,
und äße
wohl einen davon.

*Uwe Grüning*
*Persephone*

Aus den Kronen fällt
ein Schwarm später Vögel,
das Laub;

die Birken lernen zu schweigen,
noch einmal glitzert
ihr goldener Flitter, eh sie begreifen,
daß die Hochzeit zu Ende ist.

Und ein Blutlaub weht
vor deine Füße,

und aus dem Nebel
löst
eine verbotene Frucht sich,
die Sonne,

und vom Granatapfel ißt du,
und niemals kehrst du zurück.

## *Peter Huchel*
## *Persephone*

Die Abgründige kam,
stieg aus der Erde,
aufgleißend im Mondlicht.
Sie trug die alte Scherbe im Haar,
die Hüfte an die Nacht gelehnt.

Kein Opferrauch, das Universum
zog in den Duft der Rose ein.

*Paul Celan*

IM SCHLANGENWAGEN, an
der weißen Zypresse vorbei,
durch die Flut
fuhren sie dich.

Doch in dir, von
Geburt,
schäumte die andre Quelle,
am schwarzen
Strahl Gedächtnis
klommst du zutag.

# *Abschied*

## *Günter Eich*
## *Fußnote zu Rom*

Ich werfe keine Münzen in den Brunnen,
ich will nicht wiederkommen.

Zuviel Abendland,
verdächtig.

Zuviel Welt ausgespart.
Keine Möglichkeit
für Steingärten.

## *Uwe Kolbe*
## *Rom*

Auf uns gekommen
ist nur die Katzenmusik
von Roms Ewigkeit.

## *Erich Arendt*
## *fischleere see*

in sonne und abend
kein boot
luft ankert allein
in den buchten

traumleer entholzt
das blumenriff

jahrum
von hungerbienen
gemieden
wie gift

aber das klicken der apparate
das aufblättern aber: blicke
sekundengeil
sieh doch die rückenlinie apolls
sieh doch die jünglingsliebe im tor

nackte abwesenheit

und keiner sucht pythia auf

nur schamhaar-
betasten betasten

staubsinn
hinter sich schleifend
hermes
reist mit der botschaft
lichtab

## *Ernst Meister*
## *Hierorts*

Fern liegt Eleusis, rauchend,
mit Staub bedeckt,
ein Vorort . . .

doch als sei es
herübergekommen von dort
in diese Gegend, Gewitter,

blästs
um den Aschenberg,
duften wie Eisen um ihn
seine Donner,
lassen die Blitze
das fahle Unkraut erstrahlen,
Wucherndes, dessen scharfes Arom
dir zum Hirn dringt . . .

und es zeigen die Feuer des Himmels
dir übergenau
das schrumpfende Tierfell
mit ekler Behaarung,
ehe die Donner gebieten:

Wende es um,
rufe herbei von Eleusis
die Schatten der Mysten!

*Peter Rühmkorf*
*Anti-Ikarus*

Aufgefahren ist mein Bruder, der Briskmann, im
    silbernen Schlitten,
niedergefallen zur Erde am zweiten Tag;
schon annulliert und nicht auferstanden am dritten –
Senke den Kopf, wer will, die Lidermarkise, wer mag.

> Ich, imübrigen, kaufe das Ei des Kolumbus
> bei meinem Milchmann.

Ich vom Boden, jawohl, von der Erde ich, von den
    Steinen,
keine Kondore mehr im hirnenen Horst –!
Wer ist gekommen, Aufschwung und Fall zu beweinen
des geflügelten Aff, wenn er Furcht in den Äther morst?

> Mythos kapuuut. Die Motten im Wielands-
> hemd.
> Laika, die Liebliche fault einen beachtlichen
> Tod. Aber beiß die Plomben zusammen – es
> kommen bald bessere Tage.

Grillen ins All gejagt, gefesselte Ikariden,
dein orthopädischer Traum im schlappenden Flügel-
    schuh –
Nachschub an Wind, der sanfte Transport aus dem
    Süden,
schaufelt die Sterne zu.

Auf dem Prometheus-Gasbrenner koche ich meine Zamek-Suppe. Ich habe die Flamme nicht erfunden. Ich werde die Glut nicht erläutern. Überhaupt sind meine Gedanken auf die nächsten drei Tage zugeschnitten: wie ich mein Brot mache für ein Leben, das ich sowieso nicht versteh. Und sieh nur, wie das Gulasch strampelt im Dural-Patenttopf...
Wer wächst da über sich hinaus?
Nun noch den Pfeffer und Lorbeer, frisch von der Stirn gepflückt –:
Ich werde kein absolutes Ding drehn!

### *Karl Mickel*
### *Demselben*

Nicht meine Schulter ists, die Demeter
Abnagte aus Versehn, nicht auf mein Fleisch
Bevor sie's kaute, tropften ihre Tränen.
Mein Vater heißt nicht Tantalos, ich heiße
Nicht Pelops folglich, unverkürzt
An Arm, Bein, Kopf und Hoden bau ich
Kartoffeln an und Lorbeer hier in Preußen.
Ich warte nicht auf Götter zur Montage
Normal wie üblich ist mein EKG
Wenn ich ein Messer, scharf und schneidend, seh.

## *Ulla Hahn*
## *Aus*

Pegasus ist zum Nordpol
gerannt und vereist

Phönix ist ins Feuer
geflogen verbrannt

Sphinx hat ihr Rätsel verraten
Harpyien wurden als Hähnchen gebraten

Der Tod blies dem Teufel das Lebenslicht aus.

## *Hans-Ulrich Treichel*
## *Mythos Berlin 1987*

Ein paar Ruinen noch – der Rest ist nur Reklame
Verkabelt und vernetzt und sonnenklar
Ein Werbefotograf brüllt: Großaufnahme
Prometheus rührt die Fernsehsuppe gar

Anhalter Bahnhof: Dreizehn tote Gleise
Aus Styropor. Der Stoff der uns zusammenhält
Gedenken wir des Hangs zur Gruppenreise
Nach deutscher Art: Und morgen die ganze Welt

Die Mauer steht noch ein paar hundert Jahre
Sisyphos wirft die Zeitmaschine an
In Kreuzberg färbt Odysseus sich die Haare

Im leeren Hinterhaus betrinkt sich Pan
Steckt seinen Paß in Brand und geht dann flöten
Was hier zerbricht das kann auch Zeus nicht löten

## *Michael Krüger*
## *Ein Waldbrief*

Es ist die Lichtung, wo wir im letzten Jahr
Steinpilze fanden, eine brüderliche Gesellschaft,
in höflichem Abstand voneinander,
daß ihre Schatten sich nicht mischen konnten.
Die Haut auf den Köpfen war fest gespannt
und summte, wenn dein Fingernagel sie berührte.
Man konnte sie wachsen sehen – die Moosfasern
sprangen splitternd von den dicken Füßen –,
eine unterirdische Kraft trieb sie nach oben,
sehr langsam und unbeeindruckt von allen Warnungen,
die hellere Seite der Erde betreffend.
Auf solchen Plätzen trafen sich einstmals
die Götter, traten ruhig aus Erde und Wald,
um die Fragen der Schöpfung zu besprechen.
Bald blieben einige fern, andere hatten zu tun
mit theologischen Brocken, nur einer blieb treu,
ein »müßiger Zuschauer«, der im September
ein paar Stunden auf dieser Lichtung verbrachte.

Wir erkannten ihn sofort, wenn er auf dem Moos lag
mit verbundenen Augen, von Träumen überwachsen,
sicher unter der schäumenden Woge der Zeit.
In diesem Jahr, um nicht abzuschweifen,
fand ich hier keine Pilze, aber ein Vogel
stand reglos über mir und beobachtete mich lange.

## *Peter Huchel*

DIE GAUKLER SIND FORT. Sie gingen
lautlos dem weißen Wasser nach.
Der Fähnrich und das Mädchen,
der bucklige Händler mit Ketten und Ringen,
sie alle sind fort.
Es blieb der Hügel,
wo sie sich trafen,
die Eiche, mächtig gegabelt,
in grüner Wipfelwildnis.

Mittags,
unter der Wärme des Steins,
hörst du Orgelklänge,
und eine Maske, maulbeerfarben,
weht durchs Gebüsch.

Die Eiche, mächtig gegabelt,
die den Donner barg –
in morscher Kammer des Baums
schlafen die Fledermäuse,
drachenhäutig.
Die hochberühmten Gaukler sind fort.

## *Arnfrid Astel*

WER ist eigentlich dieser Achill,
fragte die Schildkröte
und fraß weiter an ihrem Salatblatt.

# *Zu den Gedichten*

Weniger vertraute antike Namen tragen als Lesehilfe auf der betonten Silbe einen Akzent.

*Begegnungen*

15 *Marie Luise Kaschnitz, Ostia Antica* (zuerst 1957): M. L. K., Gesammelte Werke, Hg. von Chr. Büttrich und N. Miller. Bd. V: Die Gedichte, Frankfurt a. M. 1985, S. 287. © 1957 Claassen Verlag GmbH, Hamburg (jetzt Hildesheim)
Ostia, der an der einstigen Tibermündung gelegene Hafen des antiken Rom, ist in umfassenden Grabungen erschlossen und als archäologische Stätte (Ostia Antica) zu besichtigen.
*Asphodeloswiese*: Nach archaischer griechischer Vorstellung weilen die Verstorbenen in der Unterwelt auf einer Wiese von Asphodelen, einer der Demeter und der Persephone geweihten Blume aus der Familie der Lilien (Asphodelus ramosus L.).

*Paul Celan, Die Ewigkeit* (zuerst 1968): P. C., Gesammelte Werke 2. Hg. von B. Allemann und S. Reichert, Frankfurt a. M. 1983, S. 177. © Suhrkamp Verlag Frankfurt am Main 1983
*Cerveteri*: In der Nähe Cerveteris (der antike Name lautet Caere) im heutigen Latium liegen bedeutende etruskische Nekropolen. In ihren Grabhügeln (tumuli) fanden die Angehörigen einer Sippe auf steinernen Lagern ihre letzte Ruhe.

16 *Marie Luise Kaschnitz, Syrakus* (zuerst 1957): M. L. K., Gesammelte Werke, Hg. von Chr. Büttrich und N. Miller. Bd. V: Die Gedichte, Frankfurt a. M. 1985, S. 268. © 1957 Claassen Verlag GmbH, Hamburg (jetzt Hildesheim)
»Kommt man nach Olympia, so ist da nun der Fluß Alpheíos. [...] Auch das erzählt man noch über den Alpheios, daß er ein Jäger gewesen sei und sich in die Arethúsa verliebt habe und daß auch sie Jägerin gewesen sei. Und Arethusa habe sich nicht heiraten lassen wollen und sei auf die Insel bei Syrakus mit Namen Ortygia ge-

langt und dort aus einem Menschen in eine Quelle verwandelt worden. Infolgedessen habe sich auch Alpheios aus Liebe in den Fluß verwandelt. Das ist an der Geschichte in bezug auf Alpheios nicht vernünftig, daß aber der Alpheios durch das Meer hindurchfließe und sein Wasser mit der Quelle vereinige, das nicht zu glauben, habe ich keinen Grund« (Pausanias 5,7,1-3; dt. von E. Meyer).

17 *Ingeborg Bachmann, Am Akragas* (zuerst 1956): I. B., Werke. Hg. von Chr. Koschel u. a., Erster Band: Gedichte, Hörspiele, Libretti, Übersetzungen, München, Zürich 1978, S. 135. © R. Piper & Co. Verlag, München 1978

Ákragas hießen in griechischer Zeit das an der südsizilischen Küste gelegene Agrigento (wie Syrakus griechische Kolonie) und der Fluß, der südlich der Stadt ins Meer mündet. Von den zehn mächtigen Tempeln, die im 5. Jh. v. Chr. im sog. Tempeltal errichtet wurden, zeugen noch heute die teilweise vorzüglich erhaltenen Ruinen.

*stummen Bränden [...] mit geklärtem Wasser [...] seine Weihen*: Evoziert werden Zutaten und Rituale, die zur Feier eines Opfers gehörten.

18 *Walter Helmut Fritz, Delos*: W. H. F., Schwierige Überfahrt. Gedichte, Hamburg 1976, S. 77. © Hoffmann und Campe Verlag, Hamburg 1976

Auf der Kykladeninsel Delos gebar Leto nach langer Irrfahrt die Zwillinge Apollon und Artemis. In der Antike war die Insel vor allem berühmt dank des großen dort gelegenen Apollonheiligtums, des neben Delphi wichtigsten Kultorts des Gottes.

Apollons Macht reicht weit. Finster erscheint er mit Pfeil und Bogen vor Troja und schießt die Pest ins griechische Heer (*Ilias* 1,43-52). In Waffen betritt er den Olymp, und in Furcht springen die Götter von ihren Sitzen (*Homerischer Apollonhymnos* 2-13). Ohne Mitleid tötet er Níobes Söhne und Achill. Doch er zeigt sich auch freundlich und den Seinen gewogen. Er gewährt kultische Reinigung, er heilt die Kranken. Pythia, seine Priesterin, verkündet zu Delphi seine Orakel (vgl. S. 230: ›Seit jahrtausenden knie ich‹). Als

Gott der männlichen Jugend begleitet er ihre Initiation. Er ist der Herr des Paiáns, des heilenden und rettenden Liedes, und als Musagét der Führer der Musen. Lichter Glanz umgibt den Schirmherrn der Dichter und Philosophen, den die Griechen seit dem 5. Jh. v. Chr. als Sonnengott verehrten.

*Cyrus Atabay, Delos* (zuerst 1960): C. A., Gedichte, Frankfurt a. M. und Leipzig 1991, S. 37f. ©Insel Verlag Frankfurt am Main und Leipzig 1991
Neben dem großen Apollonheiligtum finden sich auf Delos auch mehrere Kultstätten des Dionysos. Ein bedeutendes Kultfest des Gottes wurde jeden Frühling auf der Insel begangen.
Dionysos ist der Gott der rauschhaften Verzückung. Zu seinen Ehren erklingt das ekstatische Lied, der Dithýrambos; ihm sind Tragödie und Komödie geweiht. Sein Wesen ist mild; doch den verfolgt er grausam, der sich seiner Macht widersetzt.
*Die Sphinxe [. . .] Die Greife*: Skulpturen beider Fabelwesen sind noch heute auf der Insel erhalten.
*Dionysos naht*: Viele antike Texte schildern die Epiphanie des Dionysos auf seinem von Raubkatzen gezogenen Wagen, umgeben vom Schwarm rasender Mänaden und lüsterner Silene und Satyrn, und ihre erschütternde Wirkung auf die Sterblichen (Sophokles, *Antigone* 1115-52; Euripides, *Bakchen* 1-167. 677-768; Catull, *carmen* 64,251-64; Ovid, *Ars Amatoria* 1,537-64).

19 *Hanns Cibulka, Orion*: H. C., Zwei Silben. Gedichte, Weimar 1959, S. 16f. © Hanns Cibulka
Das Sternbild des böotischen Jägers Orion kennt bereits die *Ilias* (18,486); Hesiod erwähnt als erster die Sage von seiner Verstirnung. In wilder Leidenschaft verfolgt Orion Pleióne, die Gattin des Atlas, und ihre sieben Töchter, die Plejaden, bis Zeus ihn und die Plejaden als Sternbilder an den Himmel versetzt (Hesiod, *Erga* 619f.; Hygin, *Astronomia* 2,21,4).

21 *Peter Huchel, Unterm Sternbild des Hercules* (zuerst 1972): P. H., Gesammelte Werke I: Die Gedichte. Hg. von A. Vieregg, Frankfurt a. M. 1984, S. 176f. 
Der gewaltigste aller griechischen Heroen, der Zeussohn Herakles (lat. Hercules), befreit Meer und Erde von dämonischen Ungeheuern, ringt Géras (›Greisenalter‹) und Thánatos (›Tod‹) nieder und dringt zuletzt in den Hades vor, wo er den Höllenhund bändigt. Er allein von allen Heroen wird am Ende seines irdischen Daseins in den Olymp aufgenommen; dort »ergötzt er sich unter den unsterblichen Göttern am Festmahl, die schönfesselige Hébe an seiner Seite« (*Odyssee* 11,602f.).
Von Tod und Apotheose des Herakles erzählt bereits Hesiod (Fragm. 25, Z. 20-33 Merkelbach-West). Dem Zeussohn, der mit Ióle, der Tochter des Königs Eúrytos, zurückkehrt, bereitet seine eifersüchtige Gattin Deiáneira unwillentlich das Ende. Mit einem vermeintlichen Liebeszauber, dem vergifteten Blut des von Herakles getöteten Kentauren Néssos, bestreicht sie Herakles' Opfergewand, in dem er qualvoll verbrennt. Unfähig, die Schmerzen zu stillen, läßt Herakles sich ins Oita-Gebirge bringen und dort auf einem Scheiterhaufen verbrennen. Zeus entrückt seinen Sohn aus dem Feuer in den Olymp (Pindar, *Isthmien* 4,73; Sophokles, *Philoktet* 727-9). Erst Ovid erzählt von seiner Erhebung zu den Sternen (Ovid, *Metamorphosen* 9,239-72). Er greift hellenistische Ansätze auf, das alte nördliche Sternbild des ›Knieenden‹ als den mit dem hesperischen Drachen ringenden Herakles zu deuten, die Zeus voller Bewunderung für ihren Kampf beide an den Himmel versetzt habe (Eratosthenes, *Katasterismoi* 4; Hygin, *Astronomia* 2,6).

22 *Erika Burkart, Altes Land*: E. B., Sternbild des Kindes. Gedichte, Zürich/München 1984, S. 33. 
*der Zahn der Graien*: Die mythischen Graíen, drei greise Göttinnen der Urzeit und Schwestern der Gorgonen, besitzen zu dritt nur ein Auge und einen Zahn. Auf seinem Zug gegen die Medusa raubt Perseus ihnen beides, um ihre Hilfe zu erpressen (vgl. S. 234: ›Medusa‹ und S. 235: ›Freundschaft‹).
*die Schlange*: Antiker Vorstellung zufolge kann die Seele eines Verstorbenen in eine Schlange eingehen.

23 *Günter Kunert, Todesferne Elegie*: G. K., Abtötungsverfahren. Gedichte, München/Wien 1980, S. 81. © Carl Hanser Verlag, München/Wien 1980
*Silen*: Die Silene, den Satyrn eng verwandt, sind menschengestaltige Waldgeister mit Pferdeohren, -schweif und -beinen. Ihr Wesen ist ernst und weise, doch bleiben sie unheimlich. In archaischer Zeit treten sie in den Bannkreis des Dionysos. Der älteste unter ihnen, Papposilén, wird zum lüstern-lustigen Vater der Satyrn und zu einer der Hauptfiguren im berauschten Troß um den Gott.
*Dryade*: vgl. S. 237: ›Dryade‹.
*Arkadien*: Das gebirgige Kernland der Peloponnes macht erst Vergil zum Schauplatz seiner bukolischen Dichtung. Seine Hirtenlieder erheben es zum Sinnbild der idealen Landschaft, in der das Goldene Zeitalter gegenwärtig bleibt und der Tod unbekannt ist. Erst seit der Renaissance belegt ist das melancholische Motto *Et in Arcadia ego* (›Auch in Arkadien weile ich‹), das die Gegenwart des Todes auch im arkadischen Paradies anerkennt.

24 *Karl Krolow, Vexier-Gedicht* (zuerst 1984): K. K., Gesammelte Gedichte 3, Frankfurt a. M. 1985, S. 193. © Suhrkamp Verlag Frankfurt am Main 1985
*Pertinax*: Der 126 n. Chr. als Sohn eines Freigelassenen geborene P. Hélvius Pértinax erwarb sich Verdienste als Feldherr und Statthalter. Am 31. 12. 192 ernannten ihn die Prätorianer zum Nachfolger des ermordeten Kaisers Cómmodus; nur drei Monate später (28. 3. 193) fiel er von ihrer Hand. Am 9. April 193 folgte ihm Septímius Sevérus auf den Kaiserthron.

## *Geschichte*

27 *Günter Kunert, Alexanderschlacht*: G. K., Offener Ausgang. Gedichte, Berlin und Weimar 1972, S. 45. © Günter Kunert
Beschrieben ist das berühmte Gemälde Albrecht Altdorfers (um 1480-1538) von der Entscheidungsschlacht zwischen Alexander dem Großen und dem persischen Großkönig Dareíos III. bei Issos (333 v. Chr.), ›Die Alexanderschlacht‹ (vollendet 1529), das heute in der Münchner Alten Pinakothek hängt. Überraschende Paralle-

len im Bildaufbau zeigt das 1831 im sog. ›Haus des Fauns‹ in Pompeji gefundene große Mosaik zum selben Thema, das wahrscheinlich auf ein hellenistisches Gemälde zurückgeht.

*Cyrus Atabay, Der Schatten der Wolke* (zuerst 1983): C. A., Gedichte, Frankfurt a. M. und Leipzig 1991, S. 182. © Insel Verlag Frankfurt am Main und Leipzig 1991
Um Alexanders Tod, der im Juni 323 v. Chr. in Babylon einem Fieber erlag, bildeten sich schon früh Legenden. Der Ausspruch des Ptolemaíos, des späteren ersten Herrschers des ptolemäischen Ägypten, ist nicht belegt.

28 *Peter Hacks, Scipio*: P. H., Die Gedichte, Berlin und Weimar 1988, S. 117f. © Peter Hacks
P. Cornélius Scípio Africánus (etwa 235-183 v. Chr.), der ältere Scipio, schlug 202 bei Zama den Karthager Hannibal entscheidend. Seine letzten Lebensjahre waren überschattet von innenpolitischen Auseinandersetzungen, in denen konservative Kräfte um Cato den Einfluß der Scipionen zurückzudrängen suchten; sie gipfelten 187/184 in Prozessen gegen ihn und seinen Bruder. Scipio zog sich auf sein Gut im kampanischen Liternum zurück; dort, und nicht im großen Familiengrab der Scipionen an der Via Appia, ist er auch beigesetzt.

30 *Peter Huchel, An taube Ohren der Geschlechter* (zuerst 1963): P. H., Gesammelte Werke I: Die Gedichte. Hg. von A. Vieregg, Frankfurt a. M. 1984, S. 152f. © Suhrkamp Verlag Frankfurt am Main 1984
P. Cornélius Scípio Aemiliánus Africánus Numantínus (etwa 185-129 v. Chr.), der jüngere Scipio, entschied den dritten punischen Krieg zugunsten Roms und ließ Karthago nach dessen Einnahme (146 v. Chr.) mit Feuer und Pflug völlig zerstören.
*Polybios*: Polýbios (2. Jh. v. Chr.) ist der bedeutendste Historiker des Hellenismus. Aus seiner arkadischen Heimat um 167 v. Chr. als Gefangener nach Rom verschleppt, wurde er dort zum Freund und Mentor des Scipio Aemilianus und nahm in dessen Stab am dritten punischen Krieg teil. In seiner großen *Universalgeschichte* sucht er die Ursachen und Hintergründe für Roms Aufstieg zur Weltmacht zu erklären.

Huchel zitiert ein bei Appian (*Libyca* 132) und Diodor (32,24) erhaltenes Fragment aus dem 38. Buch des Polybios: »Als Scipio die Stadt... ganz in dieser völligen Katastrophe versinken sah, sollen ihm die Tränen gekommen sein, und es war klar, er weinte über die Feinde. Lange blieb er in Gedanken versunken und sann darüber nach, daß Städte, Völker und Reiche allesamt wie die Menschen dem Verhängnis unterworfen sind. [...] Und vielleicht bewußt, vielleicht auch unversehens sprach er die Verse: ›Einst wird kommen der Tag, da das heilige Ilion hinsinkt,/Priamos auch und das Volk des lanzenkundigen Königs.‹ [*Ilias* 6,448 f.] Als Polybios ihn freimütig fragte (er war ja sein Lehrer), was er mit diesen Worten meine, scheute er sich nicht, den Namen seiner Vaterstadt offen auszusprechen. So bewegte ihn im Angesicht des menschlichen Schicksals die Sorge um Rom.«

31 *Heiner Müller, Scipio*: Frankfurter Allgemeine Zeitung, 11. 3. 1994, S. 33. © Heiner Müller
zu Scípio Aemiliánus vgl. das voranstehende Gedicht.

*Erich Fried, Antike Großstadtschnauze* (zuerst 1972): E. F., Gesammelte Werke, Hg. von V. Kaukoreit und K. Wagenbach: Gedichte 2, Berlin 1993, S. 77. © Verlag Klaus Wagenbach Berlin 1993
Sueton, *Nero* 28: »Den jungen Spórus ließ er [Nero] entmannen und suchte ihn sogar in ein weibliches Wesen zu verwandeln.« Er heiratete ihn rechtsgültig und »behandelte ihn als seine Gemahlin. Noch heute erzählt man darüber einen gelungenen Witz: Ein Glück für die Menschheit wäre es gewesen, hätte sein Vater Domítius eine solche Frau genommen.«

32 *Heiner Müller, Senecas Tod*: Frankfurter Allgemeine Zeitung, 20. 1. 1993, S. 27. © Heiner Müller
Der Bericht vom Selbstmord Senecas (65 n. Chr.), zu dem Nero seinen ehemaligen Lehrer gezwungen hat, folgt recht genau Tacitus' Schilderung der Ereignisse (*Annalen* 15,60-63).
*Auf einer Wiese bei Cordoba*: Seneca, der einer angesehenen südspanischen Ritterfamilie entstammte, wurde um die Zeitenwende in Corduba geboren.

34 *Hannelies Taschau, Samin mit Geschichte*: H. T., Gefährdung der Leidenschaft. Gedichte, Darmstadt/Neuwied 1984, S. 36. © 1967 by Hermann Luchterhand Verlag GmbH & Co. KG, Darmstadt/Neuwied

Tacitus, *Germania* 46,3 f.: »Die Fennen sind von erstaunlicher Wildheit und erschreckender Armut; sie haben weder Waffen noch Pferde noch Heim; Nahrung bieten Kräuter, Kleidung Felle, Lager der Boden. Ihr einziger Reichtum liegt in den Pfeilen, die sie aus Mangel an Eisen mit Knochen spitz machen. Und dieselbe Jagd nährt Männer wie Frauen; überall nämlich sind sie mit dabei und fordern ihren Teil der Beute. Und die Kinder haben keine andere Zuflucht vor wilden Tieren und Regen, als unter einem Laubgeflecht Obdach zu suchen. [...]«

Über die Fennen ist sonst nichts bekannt. Ob Tacitus' Gewährsmänner mit ihnen die samische Urbevölkerung Lapplands meinten, wie der Titel des Gedichts es nahelegt, muß offenbleiben.

35 *Volker Braun, Neuer Zweck der Armee Hadrians* (zuerst 1979): V. B., Texte in zeitlicher Folge 5, Halle/Leipzig 1990, S. 77-9. © mdv Mitteldeutscher Verlag GmbH 1990

P. Aélius Hadriánus, der Nachfolger Trajáns und der erste große Philhellene und Philosoph auf dem Kaiserthron (reg. 117-38), rückte von Trajans Eroberungspolitik im Osten ab. Allerdings mußte er die Grenzen des Reichs in ausgedehnten Feldzügen gegen innere Unruhen und äußere Bedrohungen sichern. Als Bewunderer der Künste ließ er nahe der Hauptstadt, bei Tibur (heute Tivoli), die Villa Hadriana errichten, die berühmte Bauwerke des Reiches in Nachbildungen versammelt. Vielerorts stiftete er öffentliche Bauten. Auch das von Titus 70 n. Chr. zerstörte Jerusalem ließ er wieder aufbauen; die Errichtung eines Iuppiter-Tempels anstelle des Jahweheiligtums provozierte freilich den blutigen Barkóchba-Aufstand (132-135).

36 *Günter Kunert, Märkischer Konstantin*: G. K., Im weiteren Fortgang. Gedichte, München 1974, S. 103. © Carl Hanser Verlag, München/Wien 1974

Konstantin der Große (um 280-337), eine der markantesten römi-

schen Herrschergestalten, setzte sich von 306 an in langwierigen inneren Kriegen gegen mehrere Konkurrenten durch, bis er 324 schließlich die Alleinherrschaft errang. In den folgenden Jahren mußte er wiederholt die östlichen Grenzen gegen Goten und Sarmaten verteidigen; auf einem Feldzug gegen den persischen König Scháhpuhr II. erkrankte und starb er.
Weltgeschichtliche Tragweite gewann sein (vielleicht schon 312 vollzogener) Übertritt zum Christentum, das er zur Reichsreligion erhob. Die genaueren Gründe seiner Entscheidung lassen sich nicht mehr rekonstruieren.

*Literatur*

41 *Heiner Müller, Geschichten von Homer*: H. M., Die Umsiedlerin oder Das Leben auf dem Lande (H. M., Texte 3), Berlin 1975, S. 114f. © 1975 Rotbuch Verlag Berlin
Am Anfang der *Ilias* (Buch 2) ruft Agamemnon das Heer zur Versammlung, um es auf die Probe zu stellen. Er schlägt vor, die Belagerung Trojas zu beenden und nach Hause zu fahren. Als die kriegsmüden Soldaten seinen Vorschlag begeistert aufnehmen und zu den Schiffen stürmen, gebietet Odysseus ihrer Flucht Einhalt und treibt sie zurück zur Versammlung. Dort hetzt der bucklige Lästerer Thersítes, ein gemeiner Soldat, gegen Agamemnons Habsucht; doch Odysseus züchtigt ihn unter dem schadenfrohen Gelächter des Heeres (2,211-77). Von Odysseus und Nestor bestärkt, rüsten die Männer sich schließlich zum Kampf.

42 *Peter Huchel, Elegie* (zuerst 1963): P. H., Gesammelte Werke I: Die Gedichte. Hg. von A. Vieregg, Frankfurt a. M. 1984, S. 115f. © Suhrkamp Verlag Frankfurt am Main 1984
Manchen antiken Quellen zufolge ist die Insel Chios die Heimat Homers, des blinden Sängers, die Insel Ios sein Todesort. Wie der anekdotische ›Wettkampf Homers und Hesiods‹ erzählt, reist der greise Sänger nach Ios. Dort kann er das Läuserätsel junger Fischer, die mit leeren Netzen heimkehren, nicht lösen: »Was wir fingen, haben wir zurückgelassen; was wir nicht fingen, bringen wir mit.« So erfüllt sich ein altes Orakel, das ihn vor einem Rätsel gewarnt

und ihm den Tod auf Ios verheißen hat (*Certamen Homeri et Hesiodi* 321-38).

Die Dichterin Sappho (um 600 v. Chr.) entstammt dem äolischen Adel. In einer der Aphrodite geweihten Kultgemeinschaft auf der Insel Lesbos lebte sie mit einem Kreis von Mädchen der heimischen und kleinasiatischen Oberschicht zusammen, die ihrer Obhut anvertraut waren, um sie auf ihre künftigen Aufgaben in Kult und Familie vorzubereiten.
Fast in allen ihren Liedern besingt Sappho diese Welt. Hochzeitsgesänge oder Götterhymnen lassen die Feste lebendig werden, für die sie schrieb. Oft spricht sie von den Mädchen ihres Kreises, die ihre Sehnsucht erwecken, deren Abschied sie quält, und an die sie sich glücklich erinnert. Ihre persönliche Sprache, die alle Tonarten privater Mitteilung – Scherz, Spott, Mahnung, Begehren, Bekenntnis, Nachdenklichkeit, Selbstbeobachtung – auf unmittelbare Weise ins Wort zu bannen versteht, und in der sie den »süßbitteren« Eros (Fragm. 130 Lobel-Page) so eindringlich beschwört wie den Zauber der Mondnacht, haben ihre Leser von früh an bewegt und sie schon bald zur legendären Figur werden lassen.

44 *Johannes Bobrowski, Sappho* (entstanden 1956): J. B., Gesammelte Werke II, hg. von E. Haufe, Berlin 1987, S. 292. © Buchverlag Union München/Berlin 1987
Bobrowskis Gedicht ist in der sapphischen Strophe verfaßt.

*Oda Schaefer, Sappho*: O. Sch., Der grüne Ton. Späte und frühe Gedichte, München 1973, S. 21. © R. Piper & Co. Verlag, München 1973

45 *Johannes Poethen, Von den plejaden her*: J. P., Wer hält mir die Himmelsleiter. Gedichte 1981-1987, Karlsruhe 1988, S. 14. [Aus dem Zyklus ›Von den plejaden her. vierzehn gedichte im hinblick auf lesbos. für walter jens‹, S. 14-18.] © 1973 Claassen Verlag GmbH, Hamburg und Düsseldorf (jetzt Hildesheim)
Sappho (Fragm. 168 B Voigt; dt. von M. Treu):

»Nun ist schon der Mond versunken
und auch die Plejaden. Mitte

der Nacht, und die Zeit des Wartens
vorüber. Alleine schlaf ich.«

Dieses berühmte, anonym überlieferte Gedicht wurde Sappho 1560 erstmals zugeschrieben. Manche moderne Philologen lehnen diese Zuweisung ab; sie sehen in dem Text ein altes Volkslied.

*Jürgen Theobaldy, Bruchstück, für Sappho*: J. Th., Midlands. Drinks. Gedichte, Heidelberg 1984, S. 36. © Verlag Das Wunderhorn 1984
Theobaldy spielt mit den eckigen Klammern, wie sie bei der wissenschaftlichen Edition von Papyri Verwendung finden. In solche Klammern setzen die Herausgeber Buchstaben und Wörter, die nicht auf dem Papyrus erhalten, sondern von philologischer Hand ergänzt sind.

46 *Heinz Piontek, Die späten Jahre* (zuerst 1981): H. P., Werke in 6 Bänden. Bd. 1: Früh im September. Die Gedichte – Gedichte aus fremden Sprachen, München 1982, S. 313 f. © Franz Schneekluth Verlag, München 1982
In einem nur fragmentarisch erhaltenen Gedicht (58 Lobel-Page) klagt Sappho über ihr Altern. Am Ende des Gedichts heißt es: »Ich liebe den Glanz: ... dies wurde mein Teil im Leben./ Hell, strahlend und schön ist dies mein Los, weil ich die Sonne liebe« (dt. von M. Treu).
*Noch immer bräunlich*: Manche antike Autoren beschreiben Sappho als klein, dunkelhäutig und unscheinbar (u. a. Ovid, *Heroides* 15,31-6).
*doch schleppenden Schritts*: »nicht tragen mich mehr die Knie« (Fragm. 58 Lobel-Page, Z. 15; dt. von M. Treu).
*Aus blauschwarzen Haaren/ hängt weißes Gesträhn*: »weiß wurde das Haar, hing einst in schwarzen Flechten« (Fragm. 58 Lobel-Page, Z. 14; dt. von M. Treu).
*Abendstern. Schafe und Ziegen*: »Abendstern, bringst alles heim, was die strahlende Eos zerstreute:/ bringst Schafe heim,/ bringst heim Ziegen, – bringst fort von der Mutter die Tochter.« (104a Lobel-Page; dt. von M. Treu).
*Zieh getrost deines Wegs/ und gedenke mein!*: Sappho tröstet ein Mädchen, dem der Abschied von ihr schwerfällt, mit den Worten:

»Zieh getrost nun hinaus, an mich/ denk bisweilen!« (Fragm. 94 Lobel-Page, Z. 7f.; dt. von M. Treu).
*goldner als Gold noch*: »goldner als Gold« (Fragm. 156 Lobel-Page): ohne Kontext überliefertes Zitat.

47 *Johannes Bobrowski, Mit Liedern Sapphos* (zuerst 1966): J. B., Gesammelte Werke I, hg. von E. Haufe, Berlin 1987, S. 206. © Buchverlag Union München/Berlin 1987
*die haarige Lippe [. . .] die magere Kleine:* Zu Sapphos unscheinbarem Äußeren vgl. S. 197: ›Die späten Jahre‹.
*einen peplos,/ safranfarbenen, kränze,/ phrygische, purpur*: Bobrowski fügt die Anfangsworte eines nur fragmentarisch überlieferten Gedichts zu einem Vers zusammen, der metrisch an das Ende der sapphischen Strophe erinnert (Fragm. 92 Lobel-Page).
*Solon*: Aelián (bei Stobaios 3,29,58) überliefert die Anekdote, der große athenische Staatsmann und Dichter Solon (etwa 640-560 v. Chr.) habe einmal ein Lied der Sappho gehört und den Sänger gebeten, es nochmals vorzutragen. Nach dem Grund für seine Bitte befragt, habe er geantwortet: »Damit ich es erlerne und dann sterben kann.«

48 *Peter Huchel, Alkaios* (zuerst 1972): P. H., Gesammelte Werke I: Die Gedichte. Hg. von A. Vieregg, Frankfurt a. M. 1984, S. 214. © Suhrkamp Verlag Frankfurt am Main 1984
Alkaíos (um 600 v. Chr.), ein Zeitgenosse Sapphos, der wie sie in Mytilene auf Lesbos lebte, ist neben ihr der bedeutendste äolische Lyriker. Immer wieder in die schweren Adelsfehden auf Lesbos verwickelt, die ein zentrales Thema seines Werkes darstellen, mußte er wiederholt in die Verbannung gehen.

49 *Johannes Bobrowski, Pindar* (entstanden 1956): J. B., Gesammelte Werke II, hg. von E. Haufe, Berlin 1987, S. 293f. © Buchverlag Union München/Berlin 1987
Zwei große Dichter hat Böotien hervorgebracht, Hesiod (um 700 v. Chr.) und Pindar, den Vollender der griechischen Chorlyrik (um 520-um 440 v. Chr.). Seine Kunst, die der griechischen Adelswelt ein letztes Monument setzt, brachte den nahe Theben in vorneh-

mem Hause geborenen Lyriker mit vielen der Macht- und Kulturzentren seiner Zeit in Verbindung: mit Thessalien, mit Ägina und Rhodos, mit Korinth und dem libyschen Kyrene, mit Sizilien und Athen.

Von seinen zahlreichen Liedern aus allen Bereichen der Chorlyrik, welche die hellenistischen Philologen der alexandrinischen Bibliothek in siebzehn Büchern ediert haben, sind (neben einer ganzen Reihe von Fragmenten) allein die vier Bücher der *Epinikien* erhalten. Sie sammeln, nach den Feststätten geordnet, Pindars Gesänge auf Sieger bei den großen Spielen von Olympia und Delphi, die alle vier Jahre veranstaltet wurden, und bei den kleineren Spielen nahe Nemea und auf dem Isthmos von Korinth, die jedes zweite Jahr stattfanden.

Der Bau dieser *Epinikien*, die meist im Auftrag der aristokratischen Sieger oder ihrer Familie verfaßt und bei den Siegesfeiern von Chören aufgeführt wurden, folgt strengen Gesetzen; in triadischer Ordnung wechseln Strophe, Antistrophe und Epodé einander ab. Auch im Inhaltlichen kehren feste Elemente immer wieder. Zum Preis des Siegers, seiner Familie und seiner Heimatstadt tritt die Erzählung eines Mythos; dazu kommen Gnomen, Spruchweisheiten, aber auch poetologische Bekenntnisse des Dichters.

In Bau und Metrik, aber auch in seiner Beschwörung des Mythos und seines dichterischen Anliegens läßt Bobrowski das pindarische Epinikion lebendig werden.

*Der geboren ward am umschatteten Quell/ der Dirke*: Westlich der Akropolis von Theben fließt die Dírke (heute Plakiotissa), ein von mehreren Quellen gespeister Bach, der in der Dichtung häufig Erwähnung fand.

*die wütigen Sieben [. . .]*: Nachdem Ödipus, Thebens König (vgl. S. 55: ›Ödipuskommentar‹), sich geblendet und das Land verlassen hat, kommt es zwischen seinen beiden Söhnen, Etéokles und Polyneíkes, zum Kampf um die Herrschaft. Eteokles vertreibt Polyneikes; der aber findet bei König Ádrastos von Argos Unterstützung. Adrastos rüstet ein Heer, das sieben Heroen führen, um gegen Theben zu ziehen. Adrastos kehrt als einziger von diesem Feldzug lebend zurück, alle anderen Führer fallen. Eteokles und Polyneikes finden ihr Ende im Zweikampf gegeneinander und erfüllen so den

Fluch des Vaters. Zwei erhaltene attische Tragödien gestalten den Stoff, Aischylos' *Sieben gegen Theben* und Euripides' *Phoinissen*. An die dort geschilderten Ereignisse schließt die sophokleische *Antigone* an.

*der Zweig [. . .] des Siegs aufs weh'nde Haar*: Die Sieger der athletischen Spiele wurden bekränzt, in Olympia mit Ölbaumzweigen, in Delphi mit Lorbeer.

50 *Erich Arendt, Hafen Empedokles*: E. A., Ägäis, Leipzig 1967, S. 101-3.


*Hafen Empedokles*: ›Porto Empedocle‹ heißt heute der Hafen von Agrigent.

Der aus dem sizilischen Akragas (h. Agrigento) stammende legendäre Vorsokratiker (5. Jh. v. Chr.), Mitglied einer aristokratischen Familie, nahm maßgeblich teil am Sturz der Tyrannis in seiner Heimatstadt. Doch schaffte er sich mit seinem Einsatz für die Demokratie Feinde, die seine Ausbürgerung durchsetzten. Über seinen Tod existieren zahlreiche Nachrichten. Der Sprung in den Ätna gehört ins Reich der Legende; wahrscheinlich ist Empedokles im peloponnesischen Exil gestorben.

Neben seinem kosmologischen Werk verfaßte er auch ein theologisches Gedicht, die *Katharmoí* (›kultische Reinigungen‹). In einem verlorenen Goldenen Zeitalter leben die Menschen, ursprünglich göttliche Wesen, in vollkommener Harmonie miteinander. Doch der Streit bringt das Böse in die Welt; zur Strafe verbannt göttliches Gesetz die Menschen in den Kreislauf der Wiedergeburt. Doch können wir den ›gefallenen Gott‹ in uns befreien. Jene ›kultischen Reinigungen‹, mehr aber ein wahres Verständnis der Natur Gottes können uns der Wiedergeburt entreißen und in die Göttlichkeit zurückführen.

*Mit den Schatten*: Die *Katharmoí* beschreiben unser irdisches Dasein, das des ›gefallenen Gottes‹, als hadeshafte Existenz »auf der Wiese des Unheils« (Fragm. B 121, Z. 4 Diels-Kranz).

*das lemnische Licht*: vgl. S. 228: ›Lemnos‹.

*Zerlumpter wandernder/Gott ich*: »Ich aber wandle unter euch als unsterblicher Gott, nicht mehr als Sterblicher« (Fragm. B 112, Z. 4f. Diels-Kranz). »Einer von diesen [gefallenen Göttern] bin jetzt auch ich, ein von den Göttern Verbannter und Umherwandernder« (Fragm. B 115, Z. 13 Diels-Kranz).

52 *Hanns Cibulka, Empedokles*: H. C., Der Rebstock. Gedichte, Halle/Leipzig 1980, S. 47-51. © Hanns Cibulka
Cibulkas Gedicht ist vor allem Hölderlins Darstellung des Vorsokratikers und Politikers in seinem Drama ›Der Tod des Empedokles‹ (etwa 1797-1800) verpflichtet.
*Pausanias*: Sein kosmologisches Werk widmet Empedokles einem ansonsten unbekannten »Pausanias, Sohn des Anchites« (Fragm. B 1 Diels-Kranz). In Hölderlins ›Tod des Empedokles‹ spielt Pausanias eine Schlüsselrolle.
*Scherbengericht*: Die athenische Volksversammlung (für andere griechische Städte ist die Maßnahme nicht belegt) stimmte im 5. Jh. v. Chr. regelmäßig in geheimer Abstimmung auf Tonscherben (Óstraka) darüber ab, ob und gegebenenfalls welcher Politiker als Gefahr für die Demokratie auf zehn Jahre verbannt werden solle (Ostrakismós).
*Erinnyen*: zu den Erínyen vgl. S. 202: ›Incognito‹.
*Syrakus*: Die antike biographische Tradition nennt mehrere Orte, an denen Empedokles in seinem Exil geweilt haben soll; zu ihnen zählt auch Syrakus.

54 *Günter Kunert, Keine Neuigkeit aus Troja*: G. K., Unterwegs nach Utopia. Gedichte, München/Wien 1977, S. 72. © Carl Hanser Verlag, München/Wien 1977
Apollon schenkt Kassandra, der Tochter des troischen Königs Príamos und seiner Frau Hékabe, die Sehergabe. Da sie sich dem Gott, der sie begehrt, verweigert, wandelt dieser die Gabe zum Fluch. Sie sieht und weissagt das drohende Unheil, zuletzt auch den Fall ihrer Vaterstadt, doch treffen ihre Warnungen stets auf taube Ohren. Nach Trojas Untergang fällt sie dem Führer des griechischen Heeres, Agamemnon, als Beute zu und muß ihm nach Mykene folgen. Dort wird sie wie Agamemnon von dessen Frau Klytaimnéstra und ihrem Liebhaber Aigísthos umgebracht.
In der Szene, die in Aischylos' Tragödie *Agamemnon* dem zweifachen Mord vorausgeht, kommt Apollon über sie, und in ekstati-

schem Gesang beschwört Kassandra die Frevel der Vergangenheit, die auf dem Haus der Atriden lasten, und des Königs und ihr eigenes nahes Ende (Aischylos, *Agamemnon* 1035-1330. 1438-47).
*ist mir fremd/ nichts Menschliches*: Spiel mit einem antiken Komödienzitat: »Ich bin ein Mensch. Nichts Menschliches ist mir fremd« (Terenz, *Heautontimorumenos* 77).
*Erbrochenes Blut/ ein Farbfleck/ das Wegwischen/ nicht wert*:

»O Menschenleben! Das glückliche mag schon
ein Schatten wenden. Das unglückliche jedoch –
mit einem Schwung tilgt ein feuchter Schwamm das Bild.
Und dieses jammert mich weit mehr als jenes.«

(Aischylos, *Agamemnon* 1327-30)

*Erich Fried, Incognito* (zuerst 1981): E. F., Gesammelte Werke, Hg. von V. Kaukoreit und K. Wagenbach: Gedichte 2, Berlin 1993, S. 493. 
*ihr Wohlgesinnten*: Die Erínyen, hundsgestaltige Unterweltsgöttinnen, die Schlangen im Haar tragen, rächen den Frevel gegen die alten Gesetze. Wer einen Mord begeht, einen Meineid leistet oder die Gastfreundschaft verletzt, den verfolgen sie unermüdlich und erbarmungslos und schlagen ihn mit Wahnsinn und Tod. Euphemistische Scheu nennt sie Eumenídes, ›die Wohlgesinnten‹.
Ihr berühmtestes Opfer ist Orést, der im Auftrag Apollons, doch auch aus eigenem Wollen für den Tod seines Vaters Agamemnon Blutrache an seiner Mutter Klytaimnéstra nimmt. So verfällt er selbst jener Schuld, die seit alters auf dem Atridenhaus lastet. Nach dem Muttermord flieht er von den Rachegeistern gejagt nach Delphi, um dort Erlösung zu suchen. Apollon gewährt ihm sicheres Geleit nach Athen, wo Athene den Areopag, das athenische Blutgericht, einsetzt, das über Orest entscheidet, und das ihn dank Athenes Hilfe freispricht. Von Athene versöhnt, nehmen die Rachegöttinnen als segensreiche Eumeniden in Athen Wohnung (Aischylos, *Eumeniden*).
*bei der Ananke*: Anánke, die ›Notwendigkeit‹, waltet als hohe Macht im Kosmos. Griechische Theologie stellt sie mitunter über die Götter.

55 *Heiner Müller, Ödipuskommentar*: H. M., Mauser (H. M., Texte 6), Berlin 1978, S. 43 f. © Heiner Müller

Müllers in spröde Hexameter gegossene Paraphrase des Ödipusmythos hält sich eng an »das Gedicht von Ödipus, Lajos Sohn aus Jokaste«, die kanonisch gewordene Fassung des Stoffes in Sophokles' Tragödie *Oidípus Týrannos.*

*Ihm sagte der Gott [. . .]*: Vergebens warnt Apollon den thebanischen König Laios, einen Sohn zu zeugen; dieser werde seinen Vater ermorden und seine Mutter ehelichen. Als Iokaste einem Sohn das Leben schenkt, läßt Laios ihm die Knöchel durchbohren und das Kind auf dem Berg Kithaíron aussetzen. Dort finden es Hirten des Pólybos, des Königs von Korinth. Sie bringen es ihrem Herrn, der den Knaben an Kindes statt annimmt.

*auf geschwollenen Füßen [. . .]*: Pólybos, sein Ziehvater, gibt Oidípous seinen sprechenden Namen »Schwellfuß«.

*Sphinx [. . .] das menschenessende Dreitier*: Von orientalischen Vorbildern inspiriert, verbreitet sich auch in Hellas die Kunde von einem dämonischen Mischwesen mit menschlichem Kopf, Löwenleib und Vogelflügeln. Die Sphinx des Ödipusmythos stellt dem Wanderer ihr tödliches Rätsel von dem Wesen, das als einziges seine Natur wandle und sich zunächst auf vier, später zwei, zuletzt aber auf drei Füßen bewege. Ödipus findet des Rätsels Lösung, den Menschen, und überwunden stürzt die Sphinx sich in den Abgrund. So befreit Laios' Sohn Theben von dem Ungeheuer und gewinnt die Hand der Königin Iokaste, seiner Mutter.

*In den Augenhöhlen begräbt er die Welt*: Als er die schreckliche Wahrheit vom Vatermord und dem Inzest mit der Mutter erkennt, sticht Ödipus sich zur Strafe für seine ›Blindheit‹ die Augen aus.

58 *Wolfgang Bächler, Ödipus*: W. B., Ausbrechen. Gedichte aus 30 Jahren, Frankfurt a. M. 1976, S. 184 f. © S. Fischer Verlag, Frankfurt am Main 1976

59 *Helga Maria Novak, therapeutisches Bad*: H. M. N., Colloquium mit vier Häuten. Gedichte und Balladen, Neuwied/Berlin 1967, S. 41. © Schöffling & Co. Verlagsbuchhandlung GmbH, Frankfurt am Main 1995

Unter Iásons Führung fahren die Argonauten, die Blüte der griechischen Heroen, nach Kólchis am Schwarzen Meer, um das Goldene Vlies zu holen. Nur mit Hilfe Medeas, der Tochter des Kolcherkönigs Aiétes, die sich in den Fremden verliebt und ihm mit ihren Zauberkünsten hilft, gelingt es Iason, das Vlies zu rauben. Die Argonauten flüchten mit Medea und ihrem Bruder Ápsyrtos. Als ihre Verfolger aufholen, zerstückelt Medea ihren Bruder und wirft ihn ins Meer. Während Aietes den Leichnam seines Sohnes birgt, entkommen die Argonauten.

In Iolkos übergibt Iason seinem Onkel Pelías das Goldene Vlies. Als der ihm jedoch die versprochene Herrschaft verweigert, bringt Medea Pelias mit einer grausigen List ums Leben. Seinen Töchtern zeigt sie die magische Verjüngung eines alten Widders, den sie zerlegt und in einem Kessel zu neuem Leben aufkocht. Als daraufhin die Mädchen ihren Vater in Stücke schneiden, um ihn gleichfalls zu verjüngen, verweigert Medea ihre magische Kunst.

Pelias' Sohn vertreibt Iason und Medea aus dem Land. Sie fliehen nach Korinth. Als Iason Medea später verstößt und Kreúsa heiratet, die Tochter des Landeskönigs Kreon, nimmt die Verlassene furchtbare Rache an dem Mann, dem sie einst das Leben rettete. Ihrer Nebenbuhlerin übersendet sie ein vergiftetes Prunkgewand und einen Haarreif, in dessen plötzlich emporlodernden Flammen die Königstochter und ihr Vater umkommen. In verzweifeltem Haß tötet sie sogar ihre eigenen Kinder. Als Iason jammernd herbeieilt, empfängt ihn Medeas bitterer Hohn. Auf dem Drachenwagen ihres Ahnen Helios enteilt sie zu König Aígeus nach Athen; Iason bleibt gebrochen zurück (Euripides, *Medea*).

60 *Cyrus Atabay, Huldigungen* (zuerst 1986): C. A., Gedichte, Frankfurt a. M. und Leipzig 1991, S. 260-3. [Die drei letzten Texte des Zyklus, den Lyrikerinnen Sulpicia, Kasia und Rabe'eh gewidmet, wurden nicht aufgenommen.] © Insel Verlag Frankfurt am Main und Leipzig 1991

Um die Zeitenwende preist der Epigrammatiker Antípatros von Thessalonike in einem berühmt gewordenen Gedicht die ›neun Musen‹, die neun großen Lyrikerinnen Griechenlands (Anthologia Graeca 9,26; dt. von J. G. Herder):

»Göttliche Sängerinnen, die uns der Helikon schenkte
Und Macedoniens steiler Pïërischer Fels,
Du Praxilla und Moiro, du süßer Mund der Anyte,
Sappho, in Weibesgestalt uns wie ein zweiter Homer,
Und Erinna, und Telesilla, die edle Corinna,
Die uns der Pallas Schild Männin in Tönen besang,
Nossis von weiblicher Zunge, und du, süßtönende Myrtis,
Alle Mütter der Kunst, zarter unsterblicher Zier.
Neun Göttinnen, die Musen, erfreun den hohen Olympus,
Neun erfreuen auch uns, die uns die Erde gebar.«

Sieben von ihnen besingt Atabay in seinem Zyklus; ausgespart bleiben Telesílla und Mýrtis (beide 5. Jh. v. Chr.).

Zu *Sappho* vgl. S. 196.

*Praxílla* (Mitte 5. Jh. v. Chr.) stammte aus Sikyon, der Nachbarstadt Korinths. Nur wenige Verse von ihr haben sich erhalten, darunter drei Hexameter, in denen der tote Adonis in der Unterwelt die Frage beantwortet, was er auf Erden als Schönstes zurückließ:

»Also muß ich das Schönste, das Licht der Sonne verlassen,
Dann die flimmernden Sterne, des Mondes strahlendes Antlitz,
Dann auch die Früchte des Jahres: Melonen und Äpfel und Birnen«

(Poetae Melici Graeci 747; dt. von Z. Franyó).

*Korínna* aus dem böotischen Tanagra war wohl eine Zeitgenossin Pindars (1. Hälfte 5. Jh. v. Chr.; möglicherweise lebte sie jedoch um 200 v. Chr.). Eine längere Versgruppe besingt den musischen Wettkampf zwischen den beiden böotischen Grenzgebirgen Kithairon und Helikon, den Kithairon gewinnt; zornig wirft der Verlierer mit Felsblöcken um sich (Poetae Melici Graeci 654). Ein anderes Bruchstück evoziert ihre dichterische Berufung:

»Wieder ruft mich Terpsichore,
Daß ich den Frauen von Tanagra
Hohe Lieder von Helden singe;
Und von Herzen freut sich die Stadt
Über meine helles, heiteres Lied.«

(Poetae Melici Graeci 655; dt. von Z. Franyó. Terpsíchore ist die Muse des Chorgesangs).

*Erínna* von Telos, einer kleinen Insel nahe Rhodos (Mitte 4. Jh. v. Chr.), schrieb neben Epigrammen als Neunzehnjährige ein langes Klagelied auf ihre verstorbene Freundin Baukis, die *Spindel*, von dem wir kärgliche Reste besitzen. In anrührendem Schmerz erinnert sich Erinna an die gemeinsame Jugend, ihre Arbeit, ihre Spiele, ihre Ängste, aber auch an Baukis' Hochzeit – Bilder, die im Rückblick Todesahnungen durchwehen (Supplementum Hellenisticum, Fragm. 400-2). Auch Erinna fand einen frühen Tod.

Über *Moíro* aus Byzanz (Anfang 3. Jh. v. Chr.) gibt es kaum Nachrichten. Erhalten haben sich wenige Verse aus ihrer *Mnemosyne*, ferner zwei Epigramme, darunter eines auf eine der Aphrodite geweihte Traube (Anthologia Graeca 6, 119):

»So liege denn in Aphrodites goldener Halle,
Traube, geschwellt vom Saft des Dionysos.
Nicht mehr umfängt dich die Mutter mit zärtlicher Ranke,
streckt ihr nektarisches Blatt dir übers Haupt.«

Von *Nóssis* aus Lokroi (heute Locri) in Süditalien (Anfang 3. Jh. v. Chr.) sind ein Dutzend Epigramme auf uns gekommen. In unbefangener Lebhaftigkeit besingt sie die Weihegaben von Hetären an Aphrodite (Anthologia Graeca 6, 275; 9, 332) oder bewundert die Lebenstreue von Porträts (Anthologia Graeca 9, 604 und 605). In dem Epigramm, das offenbar ihr Gedichtbuch beschloß, mißt sie sich selbstbewußt an Sappho (Anthologia Graeca 7, 718). Leidenschaftlich preist sie die Liebe (Anthologia Graeca 5, 170. Kypris ist Aphrodite):

»Nichts ist süßer als Liebe! All die andern Freuden: keine kommt ihr gleich.
Für sie spucke ich sogar den Honig aus dem Mund.
So spricht Nossis. Die Frau, der Kypris die Liebe versagte,
sie weiß nicht, wie die Rose erblüht.«

*Ányte* von Tegea im peloponnesischen Arkadien (Anfang 3. Jh. v. Chr.) entwirft einfühlsame Naturbilder (Anthologia Graeca 9, 313; 16, 228), beobachtet Kinder beim Spiel (Anthologia Graeca 6, 312), oder beschreibt liebenswert die Gabe eines dankbaren

Hirten an Pan und die Nymphen (Anthologia Graeca 16,291). Etliche der erhaltenen 21 Epigramme klagen um Verstorbene, um ein junges Mädchen etwa (Anthologia Graeca 7,486; 646; 649), oder um ein geliebtes Tier (Anthologia Graeca 7,190; 202). In diese Gruppe gehört auch das Lied eines toten Delphins (Anthologia Graeca 7,215; dt. von H. Beckby):

»Ach, ich tauche nicht mehr aus der Tiefe und stoße den Nacken
fröhlich über die See, wenn sie die Schiffe durchziehn.
Ach, ich blase nicht mehr an des wohlberuderten Bootes
herrliche Bordwand, erfreut über mein Bildnis am Schiff.
Denn die purpurne Flut des Meeres warf mich aufs Trockne,
und nun liege ich hier hoch an dem ragenden Strand.«

63 *Arnfrid Astel, Antiautoritär*: A. A., Neues (& altes) vom Rechtsstaat & von mir. Alle Epigramme, Frankfurt a. M. 1978, S. 344. © Arnfrid Astel

»Zeus sprach einstens zu Eros: ›Ich nehme dir sämtliche Pfeile!‹
›Donn're‹, sprach dieser, ›und gleich mach ich dich wieder zum Schwan.‹«

(Anthologia Graeca 9,108; dt. von H. Beckby). Das anonym überlieferte Epigramm dürfte hellenistischer Zeit entstammen.

Gaíus Valérius Catúllus, der um 85 v. Chr. in Verona geborene Dichter, kam früh nach Rom. Dort wurde er zur bedeutendsten Stimme der Neoteriker, der ›neuen‹ Poeten, die, in Anlehnung an hellenistische Vorbilder, mythische Kleinepen und Gedichte vor allem über persönliche Sujets verfaßten.
Catulls Lyrik kennt viele Themen und Töne. Hohes steht neben Derbem, tiefer Ernst trifft auf beißenden Spott, dreister Übermut wird abgelöst von Wehmut und Schmerz. Regelmäßig kehren derb-obszöne Invektiven wieder, die auch berühmte Zeitgenossen wie Pompeius, Cicero oder Caesar ins Visier nehmen.
Seine innere Mitte findet Catulls Werk in den Liedern an Lesbia, in denen er in einem in Rom bis dahin unerhörten, und sich selbst nicht schonenden Ton der Leidenschaft alle Höhen und Tiefen dieser Liebe beschwört.

Catull ist jung, wohl 54 v. Chr., gestorben.
*Günter Kunert, Shakehands, Catull*: G. K., Das kreuzbrave Liederbuch. Gedichte, Berlin 1961, S. 46. © Günter Kunert
*Der große Caesar [. . .]*: Während einer diplomatischen Mission in Kleinasien 80/79 v. Chr. weilte der junge Caesar des längeren am Hof des bithynischen Königs Nikomédes Philopátor. Sein freundschaftlicher Umgang mit dem orientalischen Regenten wurde ihm von bösen Zungen als passives erotisches Verhältnis ausgelegt und immer wieder vorgehalten (Sueton, *Divus Iulius* 49).

64 *Karl Krolow, Stele für Catull* (zuerst 1962): K. K., Gesammelte Gedichte, Frankfurt a. M. 1965, S. 232 f. © Suhrkamp Verlag Frankfurt am Main 1965
*perdita iuventus*: »die verlorene Jugend«, aber auch »die moralisch verdorbene« oder »die hoffnungslos verliebte Jugend«. Die Wendung ist in der erhaltenen lateinischen Literatur nur einmal belegt (Cicero, *An Atticus* 7,7,6).
*der Vogelflug der Worte*: vgl. S. 239 f.: ›Ende eines Sommers‹.
*mit dem toten Sperling*: Ein berühmtes Gedicht Catulls (*carmen* 3) beklagt den Tod eines zahmen Sperlings, den Lesbia sich als Schoßtier hielt.
*Passer mortuus est/meae puellae*: »Der Sperling meines Mädchens ist tot« (Catull, *carmen* 3,3).

65 *Volker Braun, Die Treulose* (zuerst 1987): V. B., Texte in zeitlicher Folge 8, Halle 1992, S. 45 f. © mdv Mitteldeutscher Verlag GmbH 1992
Eine freie Nachdichtung von Catulls *carmen* 8 (dt. von V. Ebersbach):

»Catull, du Armer, laß doch nicht den Kopf hängen,
und was du schon verloren siehst, das gib ganz auf!
Die Sonne strahlte dir einmal so glückselig,
als du noch gingst, wohin das Mädchen dich führte.
Ich liebte sie, wie keine wird geliebt werden!
Da war das Leben noch vergnüglich, da konnte
das Mädchen, wenn du wolltest, auch nicht nein sagen,
da strahlte dir die Sonne wirklich glückselig.

Nun mag sie nicht mehr. Schlappschwanz! Laß sie auch laufen!
Und geht sie, laß sie gehn! Und blase nicht Trübsal!
Behalt den klaren Kopf, jetzt heißt es hart bleiben!
Du Mädchen, lebe wohl! Catull, der schon hart bleibt,
vermißt dich nicht und wird dich nicht noch anflehen.
Doch du wirst leiden, wenn dich keiner mehr anfleht.
Was bleibt dir für ein Leben? Warte, Treulose!
Wer wird noch zu dir gehn, für den du schön aussiehst?
Wen wirst du lieben, wessen Liebste dich nennen?
Wen wirst du küssen, wem die Lippen wundbeißen?
Doch du, Catull, bleib hart, jetzt heißt es durchhalten!«

*bis zum letzten Hinkjambus*: Der sog. Hinkjambus ist eine der metrischen Grundformen, die Catull (wie in *carmen* 8) häufig verwendet. Auch Brauns Text gebraucht den Hinkjambus.

66 *Karl Mickel, Elegie (2). Nach Catull*: K. M., Vita nova mea. Gedichte, Reinbek bei Hamburg 1967, S. 13. © Aufbau-Verlag Berlin und Weimar 1966

Catull, *carmen* 70 (dt. von O. Weinreich):

»Keinem, so sagt mein Frauchen, wolle sie lieber gehören,
keinem als mir, und würb' Juppiter selber um sie.
Sagts. Doch was ein Frauchen dem Liebsten sagt, der entbrannt ist,
soll man gleich in den Wind schreiben und reißenden Strom.«

Quíntus Horátius Fláccus (65-8 v. Chr.), der neben Vergil bedeutendste Dichter Roms, wurde als Sohn eines Freigelassenen in Venusia (heute Venosa) im apulischen Grenzland geboren. Sein Vater ermöglichte ihm ein Studium in Athen, wo er sich dem Caesarmörder M. Brutus anschloß und als dessen Militärtribun im November 42 an der Schlacht bei Philippi gegen Antonius teilnahm. Nach Brutus' Niederlage und Tod wurde er begnadigt; er kehrte nach Rom zurück, wo ihn Vergil im Frühjahr 38 dem Maecenas vorstellte, dem einflußreichen Freund des Augustus. Maecenas förderte Horaz entscheidend. Er schenkte dem Dichter ein Landgut in den Albanerbergen, das Sabinum, das Horaz endgültig finanzielle Unabhängigkeit und ein Refugium für seine Arbeit bot.

67 *Heiner Müller, Horaz*: H. M., Die Umsiedlerin oder Das Leben auf dem Lande (H. M., Texte 3), Berlin 1975, S. 115. © 1975 Rotbuch Verlag Berlin

*Der Arrivierte mit dem Haß auf sein Startloch*: Das erste Lied der Römeroden (*carmen* 3,1), in dem Horaz sein epikureisches Ideal eines glücklichen Lebens in schlichter Bedürfnislosigkeit predigt, setzt ein mit einer religiösen Metapher: der feierlichen Verbannung der Ungeweihten, die der Verkündigung der Mysterien vorausgeht: »Abhold bin ich gemeinem Volk, ich halt es fern« (Odi profanum vulgus et arceo; *carmen* 3,1,1; dt. von B. Kytzler). Sorglosere Lektüre mag hier annehmen, Horaz blicke verächtlich auf das Volk herab.

*Pazifist bei Philippi, er skandiert den Boden*: In literarischer Verkleidung beschreibt Horaz seine Flucht aus der Schlacht bei Philippi (*carmen* 2,7,9-14).

*Acht Spiegel im Schlafzimmer*: Sueton weiß zu berichten, Horaz »habe sein ganzes Schlafzimmer mit Spiegeln ausgekleidet, um sich beim Beischlaf von allen Seiten beobachten zu können« (*Vita Horati* 62-4 Rostagni).

*Aere perennius*: »dauerhafter als Erz«. Diese Worte zitieren das berühmte Schlußgedicht der ersten Odensammlung des Horaz, in dem er seinen Anspruch auf dichterische Unsterblichkeit verkündet: »Errichtet habe ich ein Monument, das Erz überdauert« (exegi monumentum aere perennius; *carmen* 3,30,1; dt. von B. Kytzler).

*Dreiundzwanzig Dolchstöße*: Dreiundzwanzigmal durchbohren die Dolche der Verschwörer Caesars Leib (Sueton, *Divus Iulius* 82,2).

*In ein fallsüchtiges Fleisch*: Caesars ›heilige Krankheit‹, seine Epilepsie.

*Den Furz des Priap in der achten Satire*: *Satire* 1,8 schildert das grausige nächtliche Treiben zweier römischer Hexen, das erst der grelle Laut des Gartengottes beendet.

68 *Karl Mickel, Ode nach Horaz II/13*: K. M., Schriften I, Gedichte 1957-1974, S. 44. © mdv Mitteldeutscher Verlag GmbH 1990

*Ode* 2,13 beginnt mit einem dramatischen Auftakt. Gerade ist ein Baum niedergestürzt und hätte Horaz beinahe unter sich begraben. Nun richtet er zornige Angriffe gegen jenen Unbekannten, der

einst diesen Baum gepflanzt hat. Im Folgenden erinnert Horaz an den Tod, der unerwartet über den Menschen hereinbricht, und findet Trost in der Vision einer Unterwelt, in der die beiden großen äolischen Dichter, Sappho und Alkaios, ihr Lied anstimmen und die Lauschenden in ihren Bann schlagen.
Mickel greift die Ausgangssituation des Gedichtes auf (*Ode* 2,13, 1-12; dt. von B. Kytzler):

»Er hat gepflanzt dich an verbotnem Tage,
wer immer es einst war, und mit Frevlerhand
aufgezogen, Baum, zu der Enkel
Verderben und zur Schande der Gegend;

er hat, ich könnte es glauben, des eigenen Vaters
Genick gebrochen und der Penaten Heiligtum
befleckt mit dem nächtlichen Blute
des Gastes; er hat Gifte aus Kolchis

und was immer man kennt an Frevelhaftem
gebraucht, er, der da gesetzt hat auf meinem Gefilde
dich, verfluchtes Holz, zu fallen bestimmt
auf deines Herren Haupt, des unschuldigen!

[. . .]«

69 *Heiner Müller, Horaz Satiren II,1*: H. M., Die Umsiedlerin oder Das Leben auf dem Lande (H. M., Texte 3), Berlin 1975, S. 113f. © 1975 Rotbuch Verlag Berlin
Freie Übersetzung der *Satire* 2,1,1-20. Im (von Müller nicht mehr übertragenen) Fortgang der Satire entfaltet sich eine poetologische Diskussion zwischen Horaz und C. Trebátius Tésta, einem bedeutenden, mit Cicero und Caesar befreundeten Juristen, über die horazische Satire.

70 *Karl Krolow, Bleibendes Bild im Winter* (zuerst 1970): K. K., Gesammelte Gedichte 2, Frankfurt a. M. 1975, S. 119. © Suhrkamp Verlag Frankfurt am Main 1975
Diskrete Hommage an Horazens berühmte Soracte-Ode (*Ode* 1,9,1-8; dt. von B. Kytzler):

»Siehst du, wie auf da ragt, im hohen Schnee hellweiß,
Soractes Berg? Wie schon nicht mehr ertragen ihre Last
die Wälder schwerbedrängt? Und wie im Frost
die Flüsse stille stehn, im beißenden?
Vertreib die Kälte, Hölzer auf den Herd
in Fülle lege nach und reichlicher
bring hervor vier Jahre alten aus dem sabinischen,
o Thaliarch, Wein aus doppelhenkligem Krug!«

*Bleibendes Bild*: vgl. S. 210: ›Horaz‹ (zu *aere perennius*).

71 *Günter Eich, Freund und Horazleser* (zuerst 1972): G. E., Gesammelte Werke I. Hg. von A. Vieregg, Frankfurt a. M. 1991, S. 220.

*Horaz/ und sterben lernen*: Zu den bekanntesten Texten des Horaz zählen jene Gedichte, die von der Allmacht des Todes handeln und zu besonnenem Lebensgenuß mahnen (etwa *Oden* 1,9; 1,11; 2,11). In der Neuzeit fanden sie größten Zuspruch.

*Dieter Leisegang, Vergil*: D. L., Lauter letzte Worte. Gedichte und Miniaturen. Hg. von K. Corino, Frankfurt a. M. 1981, S. 69.

Públius Vergílius Máro (70-19 v. Chr.), der wirkungsmächtigste unter Roms Dichtern, stammte aus einfachem Elternhaus nahe dem norditalischen Mantua. In Rom studierte er Rhetorik, in Neapel Philosophie. Seine in den Wirren des Bürgerkriegs entstandenen Hirtengedichte, die *Bucolica*, öffneten ihm in Rom die Türen; bald wurde er bei Maecenas und Octavian (Augustus) eingeführt. 35-29 schrieb er die *Georgica*, ein hellenistisches Lehrgedicht über das Landleben, das Auskunft gibt über Natur und Kosmos; im Sommer 29 las er es Augustus vor. Seit 29 arbeitete Vergil an seinem Hauptwerk, dem Epos *Aeneis*, das von der mythischen Gründung Roms handelt und zugleich auf historischer wie religiöser Ebene Augustus' Prinzipat zu legitimieren sucht. Im Jahr 19 fuhr er nach Griechenland, wo er die *Aeneis* abschließen wollte; dort erkrankte er schwer. Der von seinem Orientzug zurückkehrende Augustus nahm den erschöpften Dichter mit nach Italien; nach der Ankunft in Brindisi starb Vergil.

72 *Hans Carl Artmann, vor rom*: H. C. A., gedichte von der wollust des dichtens in worte gefaßt. Salzburg und Wien 1989, S. 56. 
Aenéas, der Sohn der Aphrodite und des troischen Fürsten Anchíses (vgl. S. 238: ›Des fröhlichen Faunen Klagelied‹), flieht nach Trojas Fall mit dem greisen Vater, seinem Sohn Ascánius und anderen Troern aus der brennenden Stadt. Nach langer Fahrt gelangt er endlich ins italische Latium, das ihm als neue Heimat verheißen wurde, und wo König Latínus ihn gastlich aufnimmt. Aeneas besteht schwere Kämpfe gegen feindliche latinische Stämme; nach Latinus' Tod übernimmt er die Herrschaft in Latium und gründet die Stadt Lavínium. Sein Sohn Ascanius baut Alba Longa; drei Jahrhunderte später schließlich gründet Romulus Rom.
Die Grundzüge dieses Mythos finden sich bereits in frühen griechischen und etruskisch-römischen Quellen. Vergil hat ihm in seiner *Aeneis* die kanonisch gewordene Fassung verliehen, in der Aeneas nicht allein als der mythische Urvater Roms erscheint, sondern auch als der Ahnherr des iulischen Geschlechtes, und damit als Vorfahre Caesars und Augustus'.
Artmann montiert Motive vor allem aus dem siebten Buch der *Aeneis*, das Aeneas' Landung in Latium erzählt und die italische Hälfte des Epos einleitet.
*so nah oh/ den sternen [. . .]*: Der Gott Faunus (vgl. S. 238: ›Des fröhlichen Faunen Klagelied‹) weissagt König Latinus die Ankunft des Aeneas: »Fernher kommt dir der Eidam, welcher mit seinem Blut unsern/ Namen zu den Sternen erhöht. Aus seinem Stamme die Enkel/ werden überall, wie die kreisende Sonne im Osten und Westen den Okeanos schaut,/ die Länder unterjocht zu ihren Füßen sehen« (*Aeneis* 7,98-101).
*den januskopf [. . .] erzene helme bilder*: Die Königsburg der Latiner ist reich geschmückt mit »Bildern der Urahnen«, unter ihnen das »Bildnis des doppelstirnigen Ianus«, und Waffen, so auch »buschigen Helmen« (*Aeneis* 7,170-91).
*die wölfin*: Auf dem Schild des Aeneas, der in prophetischer Vorschau Schlüsselszenen der römischen Geschichte wiedergibt, findet sich auch das Bild der Wölfin, welche die Zwillinge Romulus und Remus gesäugt haben soll (*Aeneis* 8,626-728).

*einen einzigen tiber*: Am Ende ihrer langen Fahrt gelangen die Troer zur Mündung des Tiber; stromaufwärts folgen sie seinem Lauf (*Aeneis* 7,25-36).
*das flüßchen/ aniene*: Im Katalog der latinischen Heermacht, die sich gegen Aeneas sammelt (*Aeneis* 7,641-817), erscheinen auch König Caeculus und seine Mannen, »die das hohe Praeneste und die Fluren der gabinischen/ Iuno und des eisigen Aniên Gestade und die von Bächen durchrieselten/ Hernikerfelsen bewohnen« (*Aeneis* 7, 682-4).
*amen*: Immer wieder in der *Aeneis* wird ihr Held gepriesen als der ›pius Aeneas‹, der »gottesfürchtige«, der »fromme Aeneas«.

*Ernst Fischer, Die Reue des Ovid* (zuerst: E. F., Elegien aus dem Nachlaß des Ovid, Leipzig 1963): E. F., Elegien aus dem Nachlaß des Ovid und andere Gedichte, Arles 1986, S. 136. ©Insel Verlag Frankfurt am Main und Leipzig [1963]
Públius Ovídius Náso, 43 v. Chr. in Sulmo (heute Sulmona) in den Abruzzen als Sohn eines römischen Ritters geboren, studierte in Rom Rhetorik; eine Studienreise durch Griechenland folgte. In jungen Jahren publizierte er zwei elegische Sammlungen, die *Amores* und die *Heroides*. Um die Zeitenwende erschienen die beiden Lehrdichtungen, die ihn endgültig zum gefeiertsten Dichter seiner Generation werden ließen, *Ars amatoria* (›Liebeskunst‹) und *Remedia amoris* (›Heilmittel gegen die Liebe‹).
Seinen Ruhm bei der Nachwelt begründeten die *Metamorphosen*, ein zyklisch angelegtes Epos, welches eine Unzahl meist griechischer Verwandlungsgeschichten in spielerischer Chronologie, die vom Urbeginn der Welt zur Apotheose Caesars führt, und in mythischer wie philosophischer Deutung zu einem schillernden Teppich verwebt. In den *Metamorphosen* fanden Mittelalter und Neuzeit ihre Schule antiker Mythologie.
Ovid arbeitete an einem weiteren Werk, den *Fasti*, die den römischen Festkalender erläutern, als er im Jahr 8 n. Chr. von Augustus auf Lebenszeit nach Tomis (heute Konstanza, Rumänien) ans Schwarze Meer relegiert wurde. Der Grund der Verbannung ist unbekannt. In Tomis entstanden zwei Elegiensammlungen, die *Tristia* (›Trauerlieder‹) und die *Epistulae ex Ponto* (›Briefe vom

Schwarzen Meer‹), die alle das Schicksal des Exilanten umkreisen, und in denen Ovid auch den Kaiser um Milderung seiner Strafe ersuchte – vergebens. Etwa 17 n. Chr. starb Ovid in Tomis.

74 *Arnfrid Astel, Parcere personis – dicere de vitiis*: A. A., Neues (& altes) vom Rechtsstaat & von mir. Alle Epigramme, Frankfurt a. M. 1978, S. 14. © Arnfrid Astel
Márcus Valérius Martiális (um 40-104 n. Chr.), im spanischen Bilbilis (im heutigen Katalonien, nahe Calatayud) geboren, siedelte als junger Mann nach Rom über, wo er als Klient Senecas und Lucans lebte und dichtete. Seine über 1500 Epigramme sicherten ihm Anerkennung; doch ungeachtet seiner unterwürfigen Huldigungen an Kaiser Domitián und dessen Umgebung scheint er nicht den erhofften Wohlstand erlangt zu haben. Nach Domitians Ermordung und *damnatio memoriae* versuchte Martial sich in Schmähliedern auf den Toten und besang dessen Nachfolger, Nérva und Traján, stieß jedoch auf verschlossene Ohren. Um die Jahrhundertwende kehrte er nach Spanien zurück, wo er auch starb.
*Parcere personis – dicere de vitiis*: »den Menschen schone, seine Fehltritte stelle bloß« (Martial 10,33,10). Unter dieser Maxime sieht Martial sein dichterisches Schaffen.
*diesen [...] Kaiser*: Gemeint ist Domitián (reg. 81-96), der Sohn Vespasiáns und der jüngere Bruder des Títus. Militärisch in den Grenzkriegen gegen Germanen, Daker und Pannonier äußerst erfolgreich, trat Domitian in Rom mehr und mehr als autokratischer Herrscher auf, der jede Opposition mit Verfolgungen und Hinrichtungen blutig unterdrückte. Im Herbst 96 fiel er schließlich einer Verschwörung zum Opfer. Das einseitig düstere Bild, das die nachflavischen Geschichtsschreiber von ihm zeichnen, haben moderne Historiker in Teilen aufgehellt.

## *Sinnbilder*

In Orpheus, dem thrakischen Sänger und Kitharoden, verkörpern sich Zauber und fesselnde Kraft der Musik, als deren Erfinder der Sohn der Musen gilt. Sein Gesang schlägt die Tiere in Bann, die sich friedlich vereint um ihn sammeln. Bäume und Steine kommen

herbei, Flüsse halten inne im Lauf, das Meer beruhigt und die Winde legen sich, wenn sein Lied erklingt.
Nie zeigt die Zaubermacht seiner Kunst sich so klar wie nach dem Tod seiner Gattin Eurydike, die einem Schlangenbiß erliegt. Orpheus steigt hinab in die Unterwelt und singt vor Persephone und Hades. Sein Gesang bewegt die unerbittlichen Herrscher der Toten, und sie erfüllen seine Bitte. Sie geben Eurydike wieder frei – unter der Bedingung, daß er auf dem Weg zur Oberwelt sich nicht nach ihr umsehe. Doch blickt er, von Liebe und Sehnsucht überwältigt, zurück; und auf immer kehrt Eurydike zu den Schatten zurück (Vergil, *Georgica* 4,453-527; Ovid, *Metamorphosen* 10,1-77).
Von Schmerz verzehrt, zieht er sich in die Einsamkeit zurück und weist die thrakischen Frauen ab, die ihn umwerben. So reizt er ihren Zorn; in blinder Wut töten sie den Sänger. Als Opfer thrakischer Mänaden schildern ihn ältere Quellen. Ganz aufgehend in seinem Dienst an Apollon sei er seinem anderen Herrn, Dionysos, die Verehrung schuldig geblieben. So habe ihn der beleidigte Gott von seinen Dienerinnen zerreißen lassen.

77 *Johannes Bobrowski, Die alte Heerstraße* (zuerst 1961): J. B., Gesammelte Werke I, hg. von E. Haufe, Berlin 1987, S. 16f. © 1961 Deutsche Verlags-Anstalt GmbH Stuttgart

79 *Ingeborg Bachmann, Dunkles zu sagen* (zuerst 1953): I. B., Werke. Hg. von Chr. Koschel u. a., Erster Band: Gedichte, Hörspiele, Libretti, Übersetzungen, München, Zürich 1978, S. 32. © R. Piper & Co. Verlag, München 1978
*den dunklen Fluß*: Mehrere düstere Gewässer durchströmen den Hades. In den Ácheron, den Fluß des ›Stöhnens‹, münden der ›Feuerstrom‹ Pyriphlegéthon und der ›Klagestrom‹ Kôkytós, ein Seitenarm der Styx, der Quelle des ›Hasses‹. In frühhellenistischer Zeit tritt Léthe, das Wasser des ›Vergessens‹, zu den Unterweltsströmen.

80 *Rose Ausländer, Orpheus und Eurydike* (zuerst 1979): R. A., Ich höre das Herz des Oleanders. Gedichte 1977-1979, Frankfurt a. M. 1984, S. 229f. © S. Fischer Verlag, Frankfurt am Main 1984
*Weiß die Gefilde unten [. . .] das Weißfeld*: Die Asphodelen, die anti-

ker Anschauung zufolge im Hades wachsen, blühen auch weiß (vgl. S. 187: ›Ostia Antica‹). Nicht antik belegt ist die Vorstellung einer von Gebeinen übersäten Unterwelt.

*im elysischen Licht*: In der homerischen *Odyssee* (4,561-9) ist von einem besonderen Ort am Grenzsaum der Welt die Rede, an dem nach ihren Erdentagen die Götterlieblinge weilen werden: dem Elysion. (Es gleicht den Inseln der Seligen, auf denen ewiger Frühling und unerschöpfliche Fülle herrschen, und auf denen die Auserwählten ein immerwährendes Goldenes Zeitalter genießen [Hesiod, *Erga* 167-73; Pindar, *Olympie* 2,68-80].) Fester Bestandteil der Jenseitsbilder wird das Elysium erst in römischer Zeit, dank Vergils berühmter Darstellung (*Aeneis* 6,637-78).

82 *Hilde Domin, Brief auf den anderen Kontinent* (zuerst 1964): H. D., Gesammelte Gedichte, Frankfurt a. M. 1987, S. 287. © S. Fischer Verlag, Frankfurt am Main 1987

83 *Günter Kunert, Orpheus I*: G. K., Warnung vor Spiegeln. Gedichte, München 1970, S. 31. [Aus dem Zyklus ›Orpheus I-VI‹, S. 31-36.] © Carl Hanser Verlag, München 1970

*Wolfgang Hilbig, evokation*: W. H., die versprengung. gedichte, Frankfurt a. M. 1986, S. 60. © S. Fischer Verlag, Frankfurt am Main 1986

84 *Hans-Ulrich Treichel, Orpheus' Abgesang*: H.-U. T., Liebe Not. Gedichte, Frankfurt a. M. 1986, S. 57. © Suhrkamp Verlag Frankfurt am Main 1986

85 *Christoph Meckel, Der alte Orpheus*: Chr. M., Bei Lebzeiten zu singen. Gedichte, Berlin 1967, S. 60. © Verlag Klaus Wagenbach Berlin 1967

86 *Ulla Hahn, Verbesserte Auflage*: U. H., Herz über Kopf. Gedichte, Stuttgart 1981, S. 56. © Deutsche Verlags-Anstalt, Stuttgart 1981

Prometheus, der Schöpfer (so manche Mythographen) der Menschen, zählt zum alten Geschlecht der Titanen, die in Hesiods *Theogonie* als zweite Göttergeneration auf die vier Urgottheiten Chaos, Gaia, Tartaros und Eros, und deren Kinder folgen. Titanen sind die sechs Söhne und sechs Töchter von Gaia und Uranos, unter ihnen Prometheus' Eltern, Iápetos und Klyméne. Von Kronos geführt, stürzen die Titanen den alten Herrn der Götter, Uranos. Doch auch ihre Macht ist nicht von Dauer. Kronos' und Rheias Sohn Zeus, der mächtige Herr des dritten und jüngsten Göttergeschlechts, entmachtet Kronos. In der berühmten Titanomachie lehnen die alten Götter sich noch einmal auf gegen Zeus und seine Geschwister; sie unterliegen jedoch (*Theogonie* 617-725).
Während die übrigen Titanen gewaltsam gegen Zeus' Herrschaft aufbegehren, kämpft Prometheus mit List und Schläue gegen den jungen Götterkönig. Beim Opfer scheidet er zwei Teile, Fleisch und Innereien, im Magen verborgen, und die Knochen, in Fett gehüllt. Zeus wählt und greift zu Fett und Knochen; der bessere Teil bleibt den Menschen. Zur Strafe entzieht Zeus ihnen das Feuer; doch Prometheus entwendet es und bringt es zurück auf die Erde. Zeus nimmt bittere Rache. In seinem Auftrag schafft Hephaistos die Pandóra, eine Frau voller Anmut und Arglist, und gibt ihr ein Tongefäß mit, in das alle Übel und Krankheiten eingeschlossen sind. Hermes bringt sie auf die Erde, und Prometheus' Bruder Epimetheus nimmt sie trotz des Bruders Warnung von ihrer Schönheit betört zur Frau. Pandora öffnet das Faß, und alles Unheil kommt über die Menschen. Allein die Hoffnung bleibt in dem Faß zurück. Den Prometheus läßt Zeus an den Kaukasos schmieden, und alle Tage steigt ein Adler vom Olymp nieder, der sich an seiner unsterblichen Leber weidet. Erst Herakles bringt dem Titanen Erlösung; er erlegt den Adler und löst Prometheus' Ketten (Hesiod, *Theogonie* 507-616; *Erga* 47-105).

87 *Sarah Kirsch, Die Verdammung*: S. K., Katzenleben. Gedichte, Stuttgart 1984, S. 75. © Deutsche Verlags-Anstalt, Stuttgart 1984

88 *Kurt Bartsch, Prometheus 70*: K. B., Die Lachmaschine. Gedichte, Songs und ein Prosafragment, Berlin 1971, S. 19. © Verlag Klaus Wagenbach Berlin 1971

*Ursula Krechel, Privateigentum*: U. K., Nach Mainz! Gedichte, Darmstadt und Neuwied 1977, S. 31. © Ursula Krechel

Sisyphos, der Sohn des thessalischen Königs Aíolos und der Enaréte, ist ein Ausbund an schalkhafter List und Schläue. (Mythologische Genealogie macht deshalb mitunter ihn, und nicht den Laértes, zum Vater des Odysseus.) Da er zweimal den Tod überlistet, wird er in der Unterwelt als einer der Büßer, neben Ixíon, Títyos und Tantalos, zu ewiger Strafe verdammt. Ohne Unterlaß muß er einen Felsblock auf einen Berg hinaufwälzen; kaum erreicht der Stein den Gipfel, rollt er von selbst wieder in die Tiefe, und das fruchtlose Werk beginnt von neuem (*Odyssee* 11,576-600).

89 *Erich Fried, Vorahnung des Endsiegs* (zuerst 1967): E. F., Gesammelte Werke, Hg. von V. Kaukoreit und K. Wagenbach: Gedichte 1, Berlin 1993, S. 407. © Verlag Klaus Wagenbach Berlin 1967

90 *Hans-Ulrich Treichel, Sisyphos' Dementi*: H.-U. T., Seit Tagen kein Wunder. Gedichte, Frankfurt a. M. 1990, S. 21. © Suhrkamp Verlag Frankfurt am Main 1990

91 *Hans Magnus Enzensberger, Anweisung an Sisyphos* (zuerst 1957): H. M. E., Die Gedichte, Frankfurt a. M. 1983, S. 67. © Suhrkamp Verlag Frankfurt am Main 1983

92 *Christa Alten, Frau Sisyphos*: Auswahl 74. Neue Lyrik – Neue Namen. Ausgewählt von B. Jentzsch u. a., Berlin 1974, S. 10.

Daídalos (lat. Dädalus), der legendäre athenische Baumeister und Künstler, erschlägt aus Neid seinen begabten Neffen Tálos und flieht nach Kreta zu König Minos. Ihm baut er das Labyrinth, das den Minotauros aufnimmt, den Königin Pasíphaë von dem Stier empfangen hat. Doch fällt Daidalos bei Minos in Ungnade. (Er hat wohl der Königstochter Ariadne verraten, wie Theseus den Weg aus dem Labyrinth finde. Zu Theseus auf Kreta vgl. S. 232f.: ›Im Labyrinth‹.) Samt seinem Sohn Ikaros wird er in das Labyrinth gesperrt. Aus Wachs und Federn fertigt er sich und dem Sohn Flügel; so entkommen beide dem Kerker. Doch Ikaros schlägt die Mahnung des Vaters, nicht zu hoch zu fliegen, in den Wind. Er nähert sich der Sonnenbahn, das Wachs schmilzt, und er stürzt in die See, die fortan Ikarisches Meer heißt (Ovid, *Metamorphosen* 8,155-235).

93 *Rose Ausländer, Ikarus* (zuerst 1977): R. A., Ich höre das Herz des Oleanders. Gedichte 1977-1979, Frankfurt a. M. 1984, S. 51. © S. Fischer Verlag, Frankfurt am Main 1984
*die Parzen*: Parcae heißen in Rom ursprünglich drei Göttinnen, die über die Geburt wachen und damit zum Inbegriff des Schicksals werden. Später werden sie gleichgesetzt mit den griechischen Schicksalsgöttinnen, den drei Moiren, die den Lebensfaden spinnen (Klótho), ihn zuteilen und erhalten (Láchesis) und ihn zuletzt durchtrennen (Átropos).

94 *Peter Härtling, An Ikarus* (zuerst 1983): P. H., Die Gedichte. 1953-1987, Frankfurt a. M. 1989, S. 185. © 1995 by Verlag Kiepenheuer & Witsch Köln

95 *Peter-Paul Zahl, ratschlag während des sturzes*: P.-P. Z., Schutzimpfung. Gedichte, Berlin 1975, S. 49. © 1975 Rotbuch Verlag Berlin

96 *Wolf Biermann, Ballade vom preußischen Ikarus*: W. B., Preußischer Ikarus. Lieder, Balladen, Gedichte, Prosa, Köln 1978, S. 103f. © 1991 by Verlag Kiepenheuer & Witsch Köln

97 *Yaak Karsunke, Ikarus oder: die dialektik des aufstiegs*: Y. K., auf die gefahr hin. Gedichte, Berlin 1982, S. 10. © 1982 Rotbuch Verlag Berlin

98 *Ernst Jandl, Ikarus* (zuerst 1956): E. J., Gesammelte Werke, Hg. von K. Siblewski, Bd. I: Gedichte 1, Darmstadt und Neuwied 1985, S. 51. © 1985 by Hermann Luchterhand Verlag GmbH & Co. KG, Darmstadt und Neuwied

*Thomas Rosenlöcher, Dädalus*: Th. R., Ich lag im Garten bei Kleinzschachwitz. Gedichte und 2 Notate, Halle/Leipzig 1982, S. 40. © Thomas Rosenlöcher

Odysseus, Laértes' Sohn und Fürst von Ithaka, kämpft zehn Jahre lang mit den Griechen gegen Troja. Auf der Heimfahrt verwehrt ihm Poseidons Groll über die Blendung Polyphéms die Rückkehr nach Ithaka; zehn Jahre lang führt ihn eine märchenhafte Irrfahrt übers Meer. Sie verschlägt den Helden der homerischen Odyssee zu Kikónen und Lotophágen, aufs Eiland der menschenfressenden Kyklopen, zu Aíolos, dem Herrn der Winde, und zu den Laistrygónen. Er gelangt nach Aiaía, zu der Zauberin Kirke, er dringt vor zur Schwelle der Unterwelt, er überlistet die Sirenen, besteht Skylla und Charybdis, landet in Thrinákia, der Insel des Helios. In einem Sturm verliert er sein letztes Schiff und die letzten Gefährten; er wird an das Eiland Ogýgia getrieben, wo Kalypso lebt. Sieben Jahre später läßt sie den vom Heimweh Verzehrten endlich ziehen; wieder zerschlägt ein Sturm sein Floß, und er rettet sich nach Schería, der Erde der wundersamen Phaiáken, wo Nausíkaa ihn findet.

Die Phaiaken bringen ihn nach Ithaka, wo zuchtlose Freier seine treue Gattin Penélope bedrängen und sein Gut verzehren. Im Bettlergewand betritt Odysseus seinen Palast und beobachtet das Treiben. In der Bogenprobe gibt er sich zu erkennen; er tötet die Freier und gewinnt so seine Frau und seine Herrschaft zurück.

103 *Hans Magnus Enzensberger, Drift I* (zuerst 1957): H. M. E., Die Gedichte, Frankfurt a. M. 1983, S. 44. © Suhrkamp Verlag Frankfurt am Main 1983

104 *Rose Ausländer, Odysseus* (zuerst 1977): R. A., Ich höre das Herz des Oleanders. Gedichte 1977-1979, Frankfurt a. M. 1984, S. 43. © S. Fischer Verlag, Frankfurt am Main 1984
*um NIEMAND zu sein*: Odysseus und mehrere seiner Gefährten sitzen in der Höhle des einäugigen Riesen Polyphém gefangen, der ihnen den Tod androht. Doch der ›listenreiche Odysseus‹ hat den rettenden Einfall. Mit einem spitzen Pfahl blenden sie Polyphem; unter den Bauch seiner Schafe gebunden entkommen sie aus der Höhle (*Odyssee* 9,105-566).

Die Frage des Ungeheuers nach seinem Namen umgeht Odysseus mit einer List: »Kyklop, du fragst nach meinem berühmten Namen? [. . .] Niemand ist mein Name; Niemand rufen mich Vater und Mutter und all die anderen Gefährten« (9,364-367). Nachdem Odysseus und seine Männer Polyphem geblendet haben, rettet diese List sie vor der Rache der anderen Kyklopen, die der Geblendete zu Hilfe ruft: »Freunde, Niemand erschlägt mich mit List, und nicht mit Gewalt!« (9,408). Diese ziehen irritiert-amüsiert wieder ab: »Wenn wirklich niemand dich Einsamen mit Gewalt bezwingt, so bist du der Krankheit des großen Zeus unrettbar verfallen! Doch bete zum Herrn und Vater Poseidon!« (9,410-2).

105 *Hilde Domin, In der Höhle des Polyphem* (entstanden zwischen 1962 und 1964): H. D., Gesammelte Gedichte, Frankfurt a. M. 1987, S. 249. © S. Fischer Verlag, Frankfurt am Main 1987

106 *Christoph Meckel, Der Wein der Circe* (zuerst 1969): Chr. M., Die Balladen des Thomas Balkan, Köln 1978, S. 39f. © Christoph Meckel
Seine Irrfahrt verschlägt Odysseus auch nach Aiaía, dem Eiland der Zauberin Kirke. Die mächtige Tochter des Helios verwandelt alle ankommenden Fremden mit einem Zaubertrank in Tiere. So geschieht es auch den Männern, die Odysseus zur Erkundung der Insel vorausschickt. Er allein, den Hermes warnt und mit dem magischen Kraut Moly wappnet, entgeht ihrem Zauber; er bedroht Kirke mit dem Schwert und zwingt sie, seine Leute zurückzuverwandeln. Dann genießt er ein Jahr lang ihre Gastfreundschaft und Liebe (*Odyssee* 10,135-574). Später weist sie ihm den Weg in die Unterwelt; nach seiner Rückkehr gibt sie ihm Auskunft über weitere Gefahren auf seiner Heimfahrt.
*vom starken Bora aufgewühlt*: kalter, heftiger Fallwind an der dalmatischen Küste; benannt nach dem altgriechischen Nordostwind, dem Boréas.

107 *Walter Helmut Fritz, Elpenor*: W. H. F., Sehnsucht. Gedichte und Prosagedichte, Hamburg 1978, S. 63. © Hoffmann und Campe Verlag, Hamburg 1978

In der Nacht vor der Abfahrt von Aiaia schläft Elpénor, der jüngste unter Odysseus' Gefährten, berauscht auf Kirkes Dach. Vom Lärm des Aufbruchs erwacht, stürzt er schlaftrunken vom Dach und bricht sich das Genick. Da niemand sein Fehlen bemerkt, bleibt er unbestattet liegen. In der Unterwelt fleht sein Schatten Odysseus um Bestattung an; nach der Rückkehr erfüllt dieser die Bitte (*Odyssee* 10,551-60; 11,51-83; 12,8-16).

108 *Christoph Meckel, Circe! Circe!*: Chr. M., Säure. Gedichte, Düsseldorf 1979, S. 9. © Christoph Meckel

*Peter Huchel, Odysseus und die Circe* (zuerst 1972): P. H., Gesammelte Werke I: Die Gedichte. Hg. von A. Vieregg, Frankfurt a. M. 1984, S. 198f. © Suhrkamp Verlag Frankfurt am Main

110 *Ernst Jandl, porträt eines mädchens* (zuerst 1968): E. J., Gesammelte Werke, Hg. von K. Siblewski, Bd. I: Gedichte 1, Darmstadt und Neuwied 1985, S. 314. © 1985 by Hermann Luchterhand Verlag GmbH & Co. KG, Darmstadt und Neuwied
Die homerischen Sirenen (die *Odyssee* spricht von zweien, spätere Quellen von dreien oder vieren) sind dämonische Mischwesen mit Frauenköpfen und Vogelleibern. Ihr süßer Gesang verführt die Seefahrer, die ihre Insel passieren; sie legen an und lauschen, bis sie entkräftet sterben. Dank Kirkes Rat entgeht Odysseus dieser Gefahr. Seinen Gefährten verstopft er mit Wachs die Ohren, er selber läßt sich an den Mast des Schiffes binden und hört ihr Locklied unbeschadet (*Odyssee* 12,39-54. 153-200).

111 *Erich Fried, Auf der Heimfahrt nach Ithaka* (zuerst 1984): E. F., Gesammelte Werke, Hg. von V. Kaukoreit und K. Wagenbach: Gedichte 3, Berlin 1993, S. 97f. © Verlag Klaus Wagenbach Berlin 1984

112 *Erich Fried, Klassische Entscheidungsfreiheit* (zuerst 1970): E. F., Gesammelte Werke, Hg. von V. Kaukoreit und K. Wagenbach: Gedichte 2, Berlin 1993, S. 11. © Verlag Klaus Wagenbach Berlin 1972
Skylla und Charybdis, zwei scheußliche Ungeheuer, versperren von beiden Seiten eine Meerenge und verschlingen die vorbeifah-

renden Schiffer. Welche Seite diese auch wählen, es gibt kein Entkommen. Auf Kirkes Rat hin meidet Odysseus die gefährlichere Charybdis und fährt nahe der sechsköpfigen Skylla vorbei, die sechs seiner Leute verschlingt (*Odyssee* 12,73-126. 201-259).

113 *Peter Huchel, Hinter den weißen Netzen des Mittags* (zuerst 1963): P. H., Gesammelte Werke I: Die Gedichte. Hg. von A. Vieregg, Frankfurt a. M. 1984, S. 122 f. © Suhrkamp Verlag Frankfurt am Main 1984

Von Kalypsos Eiland aufgebrochen, verliert Odysseus in Poseidons Sturm sein Floß und beinahe sein Leben; nur mit hoher Not rettet er sich schwimmend an die Küste der Phääken (*Odyssee* 5, Ende). Dort findet ihn am nächsten Morgen die Tochter des Königs Alkínoos, Nausikaa. Voller Achtung bittet Odysseus sie um Hilfe; sie gibt ihm Gewänder und weist ihm den Weg in die Stadt, zum Palast ihres Vaters (*Odyssee* 6).

Nausikaas Traum von einer Vermählung mit dem eindrucksvollen Fremden klingt in der epischen Erzählung mehrfach an; er bleibt freilich unerfüllt. Odysseus nimmt mit freundlichen Worten von ihr Abschied (*Odyssee* 8,457-468).

*Nicht kamst du von den vier Quellen*: Die vier Quellen liegen auf Ogygia, der Insel der Kalypso, letzter Station seiner Irrfahrt vor der Ankunft auf Scheria (*Odyssee* 5,70).

*der Schatten der Nymphe*: ›Nymphe‹ ist bei Homer gängige Anrede für junge Göttinnen und junge Frauen – so auch für Kalypso.

115 *Oskar Pastior, Licht auf Nausikaa* (zuerst 1964): O. P., Jalousien aufgemacht. Ein Lesebuch. Hg. von K. Ramm, München/Wien 1987, S. 149. © Carl Hanser Verlag, München/Wien 1987

116 *Günter Kunert, Nausikaa I*: G. K., Warnung vor Spiegeln. Gedichte, München 1970, S. 29. © Carl Hanser Verlag, München 1970

117 *Marie Luise Kaschnitz, Nausikaa* (zuerst 1965): M. L. K., Gesammelte Werke, Hg. von Chr. Büttrich und N. Miller. Bd. V: Die Gedichte, Frankfurt a. M. 1985, S. 388. © Insel Verlag Frankfurt am Main 1985

118 *Rose Ausländer, Nausikaa* (zuerst 1965): R. A., Die Sichel mäht die Zeit zu Heu. Gedichte 1957-1965, Frankfurt a. M. 1985, S. 269. 
*Sie sammelt das Meer [. . .]*: Die dritte Strophe des Gedichtes nimmt Gedanken der israelitischen Anthropogonie (*Genesis* 2,7), aber auch der vorsokratischen und platonischen Kosmologie auf.
*das Meer/ Gestirn und Gestade*: drei der vier Elemente in der vorsokratischen Physik, Wasser, Feuer und Erde.
*und führt ihn zum Vater/ im neugeschliffenen Weltall*: Im platonischen *Timaios* (53 c ff.) formt der Demiurg die rohe Urmaterie zu den kristallinen Grundteilchen der Elemente, aus denen sich der ganze neue Kosmos aufbaut.

119 *Cyrus Atabay, Meditation am Webstuhl* (zuerst 1960): C. A., Gedichte, Frankfurt a. M. 1991, S. 41 f. 
*dem Gewebe,/ dessen Maschen die Schattenhand löst*: Mit einer List zögert Penelope die Entscheidung heraus, zu der die Freier sie drängen; einen unter ihnen solle sie zum Gatten erwählen. Sie erbittet eine Frist, um das Leichentuch des Laértes, Odysseus' Vater, zu weben; nachts jedoch löst sie immer wieder auf, was sie des Tags gewebt hat (*Odyssee* 2,93-110. 19,137-156).
*den Freier [. . .] der den Bogen nimmt*: Penelope stellt den Freiern die Aufgabe, den alten Bogen des Odysseus zu spannen und einen Pfeil durch zwölf Äxte zu schießen (*Odyssee* 19,571-581). Reihum versuchen sie sich an der Aufgabe und scheitern; allein Odysseus, den in seinen Bettlergewändern niemand erkennt, besteht die Probe. Nun gibt er sich zu erkennen und tötet alle Freier (*Odyssee* 21/22).

120 *Thomas Rosenlöcher, Heimkehr des Odysseus*: Th. R., Ich lag im Garten bei Kleinzschachwitz. Gedichte und 2 Notate, Halle/Leipzig 1982, S. 39. 
*Von ferne Rauch*: Zu Beginn der *Odyssee* schildert Athene, die sich im Götterrat für Odysseus' Heimkehr verwendet, die Seelenqual ihres Lieblings bei Kalypso: »Odysseus, der sich sehnt, auch nur den Rauch aufsteigen zu sehen von seinem Lande, wünscht sich zu sterben« (1,57-9).

*die Gefährten [. . .] wuchsen fest, Kentauren [. . .]*: Die Kentauren, dämonische Mischwesen halb Mann, halb Pferd, waren in den unwegsamen Gebirgen und Wäldern Griechenlands beheimatet. Frühe Darstellungen zeigen sie als Männer, aus deren Rücken Rumpf und Hinterbeine von Pferden herauswachsen; später erscheinen sie als Pferde, die von der Hüfte aufwärts einen männlichen Oberleib tragen.

121 *Ernst Jandl, odyss bei den polsterstühlen* (zuerst 1973): E. J., Gesammelte Werke, Hg. von K. Siblewski, Bd. I: Gedichte 1, Darmstadt und Neuwied 1985, S. 556. © 1985 by Hermann Luchterhand Verlag GmbH & Co. KG, Darmstadt und Neuwied
*thalatta, thalatta*: »Das Meer! Das Meer!« Mit diesem berühmten Ausruf begrüßten die griechischen Söldner, die im Dienst des jüngeren Kyros gegen dessen Bruder, den Großkönig Artaxérxes II., gekämpft hatten, nach ihrem entbehrungsreichen Rückzug durch das winterliche armenische Hochland das Schwarze Meer (Xenophon, *Anabasis* 4,7,24; um 400 v. Chr.).
*der listenreiche*: »Listenreicher« (griech. polymêtis) ist gängiges Beiwort des Odysseus in der *Odyssee*.

123 *Peter Huchel, Das Grab des Odysseus* (zuerst 1979): P. H., Gesammelte Werke I: Die Gedichte. Hg. von A. Vieregg, Frankfurt a. M. 1984, S. 231 f. © Suhrkamp Verlag Frankfurt am Main 1984
*Das Grab des Odysseus*: Ein nachhomerisches Epos, die (nicht erhaltene) kyklische *Telegonie*, spinnt die *Odyssee* fort und erzählt von Odysseus' späten Jahren und Tod, zum Teil in Anschluß an Teiresias' Prophezeiung in der Unterwelt (*Odyssee* 11,119-137). Gegen Ende der *Telegonie* kommt Odysseus auf Ithaka um; Telégonos, Odysseus' und Kirkes Sohn, tötet den Vater, ohne ihn zu erkennen.
*Such nicht die Höhle [. . .]*: Die zweite Strophe spielt auf den Weg an, den Odysseus' ›Schatten‹ (*psyché* oder *eídolon*) nach archaischer Vorstellung hinab in die Unterwelt nimmt. (Der Weg der von Hermes geleiteten Schatten in den Hades ist beschrieben *Odyssee* 24, 1-14.)
*[. . .] waffenlos,/ bespritzt mit dem Blut geschlachteter Schafe*: Bei sei-

nem Besuch im Totenreich, den das elfte Buch der *Odyssee* beschreibt, die berühmte ›Nekyia‹, trägt Odysseus sein Schwert. Mit ihm gräbt er die Opfergrube, über der er die mitgeführten Schafe schlachtet; um das Blut sammeln sich die toten Seelen (11,20-50).
*das Grab der Sonne*: Ägyptische Texte beschreiben den täglichen Auf- und Untergang der Sonne, des Gottes Re, als Geburt und Tod (des Nachts fährt Re durch die Unterwelt zurück in den Osten), die Re in beständigem Zyklus durchlaufe.
*den Seeräubersohn aus Ithaka*: In dem Lügenmärchen über seine angebliche Herkunft, das Odysseus seinem Schweinehirten Eumaíos erzählt, zeichnet er sich als Piraten, der auf Beutezug übers Meer fährt (*Odyssee* 14,222-234). Seeräuberei war in der antiken Mittelmeerwelt weit verbreitet.
*die Karten und Schiffskataloge/ des alten Homer*: Die Schlußverse verweisen in alexandrinischer Manier auf das dem Homer zugeschriebene epische Werk, auf die *Ilias* (der berühmte ›Schiffskatalog‹ der griechischen Kriegsflotte nimmt einen großen Teil des 2. Buches ein) und auf die *Odyssee* (bereits antike Gelehrte zeichneten Karten von Odysseus' Irrfahrten).

124 *Christoph Meckel, Odysseus*: Chr. M., Wen es angeht. Gedichte, Düsseldorf 1974, S. 10f. © Carl Hanser Verlag München/Wien 1988

## *Götter und Halbgötter, Heroen und Heroinen*

129 *Ernst Jandl, flöda und der schwan* (zuerst 1971): E. J., Gesammelte Werke, Hg. von K. Siblewski, Bd. I: Gedichte 1, Darmstadt und Neuwied 1985, S. 528. © 1985 by Hermann Luchterhand Verlag GmbH & Co. KG, Darmstadt und Neuwied
Der unersättliche Zeus begehrt auch Leda, die aitolische Königstochter. Am Ufer des Eurótas naht der Gott sich ihr in Gestalt eines Schwans (vgl. S. 63: ›Antiautoritär‹); Leda kommt nieder mit einem Ei, dem Helena und die Dioskúren (Kástor und Polydeúkes) entspringen.

*Erich Arendt, Lemnos*: E. A., Ägäis, Leipzig 1967, S. 106f. © Insel Verlag Leipzig 1967

*Lemnos*: In antiker Zeit war die große Insel in der nördlichen Ägäis berühmt als Hauptort des Hephaistoskultes. Antike Nachrichten, die ein angeblich auf dem Hügel Mosychlos brennendes Erdfeuer als wichtigste Kultstätte ausgeben, lassen sich nicht verifizieren.

*Einst [...] stürzte der Gott*: Hephaistos, der Gott des Feuers, den Hera ohne männliche Zeugung geboren hat (so eine alte Version des Mythos), kommt mit verkrüppelten Füßen zur Welt. Enttäuscht und zornig wirft seine Mutter ihn vom Himmel herab ins Meer, wo Thetis ihn aufnimmt und pflegt (*Ilias* 18,394-405). Noch von einem zweiten Sturz des Hephaistos erzählt der Mythos. Als er Hera einmal gegen Zeus zu Hilfe kommt, packt dieser ihn und schleudert ihn vom Olymp. Einen ganzen Tag lang stürzt Hephaist in die Tiefe; zuletzt schlägt er fast leblos auf Lemnos nieder (*Ilias* 1,586-94).

In den Olymp zurückgekehrt, baut er den Göttern prächtige Paläste. In seiner Schmiede unter dem Ätna fertigt er kostbares Gerät: Athenes Aigís, Helios' Sonnenwagen, das unsichtbare Netz, in dem seine Frau Aphrodite und Ares bei ihrem Ehebruch sich fangen, und die Waffen Achills, besonders den wunderbaren Schild (*Ilias* 18,478-608).

131 *Paul Celan, Der Pfeil der Artemis* (zuerst 1948): P. C., Das Frühwerk. Hg. von B. Wiedemann, Frankfurt a. M. 1989, S. 134. © Suhrkamp Verlag Frankfurt am Main 1989

*Artemis*: Die Tochter der Leto und des Zeus, Apollons Zwillingsschwester, hat ihr Reich in der Wildnis. Von Nymphen umgeben, zieht sie durch die Wälder; mit ihnen tanzt und spielt sie auf den Bergen. Als unheimliche Herrin der Tiere hegt sie das junge Wild, das ihr später zur Beute fällt. Auch Menschen wird sie gefährlich. Den Jäger Orion trifft ihr Pfeil ebenso wie die Töchter der Níobe (vgl. S. 229f.: ›Niobe‹). Wie ihr Bruder über die Initiation der Knaben, so wacht sie über die Initiation der Mädchen.

Seit hellenistischer Zeit wird Artemis mitunter als Mondgöttin angesehen und mit Seléne und Hékate (vgl. S. 241f.: ›Hekate‹) identifiziert.

*Die Zeit tritt ehern in ihr letztes Alter*: Nach altorientalischem Vorbild verkündet Hesiod (*Erga* 106-201) eine mahnende Lehre von vier Menschengeschlechtern und Weltaltern, die in wertender Bildlichkeit nach Metallen als das goldene, das silberne, das eherne und das eiserne Zeitalter bezeichnet werden. (Zwischen die beiden letzten schiebt sich bei ihm ein fünftes, das Zeitalter der Heroen, das dem Niedergang für eine Weile entgegensteuert.) Den Menschen der Gegenwart, des eisernen Zeitalters, stellt Hesiod das drohende Ende in Aussicht, wenn der Verwilderung der Sitten nicht endlich Einhalt geboten werde. Hesiods einflußreicher Mythos wirkt nach bei Ovid (*Metamorphosen* 1,89-150); auf die gleiche Quelle wie Hesiod gehen verwandte Texte in der jüdischen Literatur zurück (*Daniel* 2 und 7).

*Cyrus Atabay, Aktaion* (zuerst 1958): C. A., Gedichte, Frankfurt a. M. und Leipzig 1991, S. 27f. © Insel Verlag Frankfurt am Main 1991
Eines Mittags gelangt der junge Jäger Aktaíon in eine im Wald verborgene Grotte, in der Artemis, von ihren Nymphen umsorgt, ein Bad nimmt. Schamrot und zornig besprengt ihn die Göttin und ruft ihm zu: »Erzähle jetzt, du hättest mich ohne Gewand gesehen – wenn du noch zu erzählen vermagst!« Er flieht und verwandelt sich auf der Flucht in einen Hirsch. Seine Hunde, die ihren Herrn nicht mehr erkennen, spüren ihn auf und zerreißen ihn (Ovid, *Metamorphosen* 3,138-252).

134 *Erich Arendt, Niobe*: E. A., Feuerhalm. Gedichte, Leipzig 1973, S. 25f. © Insel Verlag Leipzig 1973
*Niobe*: Níobe, die Tochter des Tantalos und der Dióne, die mit dem thebanischen König Amphíon verheiratet ist, bringt sieben Söhne und sieben Töchter auf die Welt. Ihres Kinderreichtums wegen mißt sie sich hochmütig mit Leto, der Mutter Apolls und der Artemis. Furchtbar rächen die beiden Götter die Kränkung der Mutter; Apollon erschießt Niobes Söhne, Artemis ihre Töchter. Schmerzzerrissen gibt Amphion sich den Tod; Niobe versteint in ihrem Schmerz. Ein Windstoß führt sie zurück in ihre lydische Heimat, auf den Gipfel des Sípylos, wo ihrem steinernen Bildnis in einem

fort Tränen entströmen (*Ilias* 24,602-17; Sophokles, *Antigone* 823-34; Ovid, *Metamorphosen* 6,146-312).

*Wieland Förster*: Bildhauer und Grafiker (* 12. 2. 1930 in Dresden); seit 1974 Mitglied der Akademie der Künste der DDR. Von ihm stammt eine Bleistiftzeichnung der Niobe, auf die das Gedicht sich bezieht.

135 *Johannes Poethen, Seit jahrtausenden knie ich*: J. P., Gedichte 1946-1971, Hamburg und Düsseldorf 1973, S. 52. [Aus dem Zyklus ›Schattenfahrt. Zehn südliche bilder‹, S. 49-53.] 

In Delphi, am Hang des Parnäß, lag Griechenlands berühmteste Orakelstätte. Einst war sie Gaia geweiht, der Mutter ›Erde‹. Doch Apollon (vgl. S. 188f.: ›Delos‹) tötet den Drachen, der Gaias Heiligtum hütet, und übernimmt das Orakel. Dort erteilt nun Apollons Priesterin, die Pythia, im Ádyton des Tempels auf ihrem Dreifuß sitzend in ekstatischer Trance Auskunft.

Neben Delos wurde Delphi zum Hauptort des Apollonkultes; lange Zeit war es das religiöse Zentrum Griechenlands.

*im kreislauf des wassers [. . .] der quelle*: Mehrere Quellen entspringen in Delphi; am bekanntesten ist die Kastalische Quelle.

*Die Sonne*: Seit dem 5. Jh. v. Chr. verehrten die Griechen Apollon als Sonnengott.

*in der mitte der welt/ die adler*: Im Tempel zu Delphi steht der steinerne Ómphalos, der ›Nabel‹, der die Mitte der Welt markiert. Hier trafen sich die beiden Adler, die Zeus vom äußersten Osten und Westen hatte ausfliegen lassen.

*über dein grab*: Kaiserzeitlichen Mythographen zufolge liegt der erschlagene Drache im Tempel unter Pythias Dreifuß begraben.

136 *Peter Huchel, Aristeas* (zuerst 1972): P. H., Gesammelte Werke I: Die Gedichte. Hg. von A. Vieregg, Frankfurt a. M. 1984, S. 207. 

Aus frühhellenistischer Zeit sind (im Kern wohl authentische) Berichte über griechische Schamanen auf uns gekommen, die ihre Kunst über skythische Vermittlung aus dem nord- und zentralasiatischen Raum empfangen haben. Bis ins 6. Jh. v. Chr. durchwanderten sie vom Schwarzen Meer aus Kleinasien und die archaische griechische Welt, wo sie als Seher, Sühnepriester, Ärzte und Sänger wirkten.

Aristéas war der wohl bekannteste dieser griechischen Wundermänner. In Ekstase, »von Phoibos ergriffen« (Herodot 4,13,1), durchreiste er die Länder der Griechen und Barbaren und wurde zuletzt zum fernen Volk der Issedonen entrückt. Was er dort sah, und die Kunde von mythischen Völkern im hohen Norden, insbesondere den Hyperboreern, die selig am Weltenrand leben, beschrieb er in seinem Epos *Arimaspeía* (Herodot 4,13-5).

*als Krähe einem Gott gefolgt*: Im süditalischen Metapont erzählten die Bürger, Aristeas sei einst bei ihnen aufgetaucht »und habe ihnen geboten, einen Apollonaltar zu errichten [...]. Er habe nämlich gesagt, zu ihnen allein von allen Italiern sei Apollon gekommen, nur in ihr Land, und er sei sein Begleiter, jetzt wieder Aristeas, damals aber, als er den Gott begleitete, sei er ein Rabe gewesen« (Herodot 4,15,2; dt. von W. Marg).

*Gesichter, einäugig [...]*: In seinem Bericht über Aristeas referiert Herodot auch die mythische Ethnographie der Nordländer, die Gegenstand der *Arimaspeia* gewesen sei: Aristeas sei »zu den Issedonen gekommen, über den Issedonen aber wohnten die Arimaspen, Leute mit einem Auge, und über diesen die goldhütenden Greifen, und darüber die Hyperboreer« (4,13,1; dt. von W. Marg). Auch in Huchels letztem Gedichtband (1979) findet sich ein Aristeas-Text, ›Aristeas II‹: P. H., Gesammelte Werke I: Die Gedichte (a.a.O.), S. 234.

137 *Gerhard Falkner, liebe, schönheit, koizid*: G. F., Wemut. Gedichte, Frankfurt a. M. 1989, S. 27. © 1989 by Luchterhand Literaturverlag, Frankfurt am Main

*apollon in waffen/ die rohe schönheit/ in wucherndem licht*: zu Apollon vgl. S. 188f.: ›Delos‹. Apollons bedrohliche Leidenschaft zeigt der Daphne-Mythos. Vergebens begehrt er die so schöne wie keusche Nymphe Daphne (›Lorbeer‹), die vor ihm die Flucht ergreift. Als der Gott sie verfolgt und bedrängt, fleht Daphne zu ihrem Vater Peneíos, dem Flußgott, um Hilfe; dieser verwandelt sie in einen Lorbeerbaum (Ovid, *Metamorphosen* 1,452-567).

Eine erotische Begegnung Apolls mit Aphrodite ist nicht belegt.
*die ausgeschäumte [...] venus*: Den Beinamen »die Schaumgeborene« trägt Aphrodite (lat. Venus) in Erinnerung an ihre Geburt: Uranos, der ›Himmel‹, haßt seine Kinder und hält sie gefangen in seiner Gattin Gaia, der ›Erde‹. Als er sich mit Gaia vereint, schneidet sein Sohn Kronos ihm die Schamteile ab und wirft sie in die See. Weißer Schaum bildet sich, in dem ein Mädchen heranwächst. Es treibt nach Zypern und steigt dort ans Land, als anmutige Göttin der Liebe (Hesiod, *Theogonie* 154-206).

138 *Karl Krolow, Schattenspiel* (zuerst 1962): K. K., Gesammelte Gedichte, Frankfurt a. M. 1965, S. 226f. © Suhrkamp Verlag Frankfurt am Main 1965.

*Erika Burkart, Das verlorene Wort* (zuerst 1958): E. B., Augenzeuge. Ausgewählte Gedichte, Zürich und München 1978, S. 52f. © Erika Burkart
*die weiße göttin [...] dasselbe gestirn*: Als Venus ist Aphrodite auch der Morgen- und Abendstern. ›Die weiße Göttin‹ (The White Goddess. A Historical Grammar of Poetic Myth, London 1948) heißt ein einflußreiches Werk des englischen Dichters und Religionshistorikers Robert von Ranke-Graves (1895-1985). In ihm sucht er eine matriarchale Urreligion der Menschheit zu belegen, welche die allmächtige Mondgöttin (›die weiße Göttin‹) verehrte. Die Lebensabschnitte ihrer irdischen Repräsentantin, der Matriarchin, spiegelnd, durchläuft auch sie die drei Lebensabschnitte des Mädchens, der Frau und der Greisin, die mythisch identifiziert werden als Selene, Aphrodite und Hékate.

139 *Rose Ausländer, Im Labyrinth* (zuerst 1967): R. A., Hügel aus Äther unwiderruflich. Gedichte und Prosa 1966-1975, Frankfurt a. M. 1984, S. 68. © S. Fischer Verlag, Frankfurt am Main 1984
*Ein Knäuel [...] im Labyrinth*: Theseus, der attische Heros, sucht Athen von dem drückenden Tribut zu befreien, den der Kreterkönig Minos der Stadt auferlegt hat. Alle Jahre müssen die Athener sieben Jünglinge und sieben Mädchen nach Kreta schicken, die dem Minotaurus vorgeworfen werden. Mit der dritten Gesandt-

schaft fährt Theseus nach Kreta, um das Untier zu töten. Dort verliebt die Königstochter Ariadne sich in den Jüngling und zeigt ihm, von Dädalus beraten, wie er aus dem Labyrinth wieder herausfindet: ein Garnknäuel wird ihm zum Führer aus dem trügerischen Gebäude (vgl. S. 219).

140 *Ulla Hahn, Befehlsform*: U. H., Spielende. Gedichte, Stuttgart 1983, S. 31. © Deutsche Verlags-Anstalt, Stuttgart 1983
Wie auch das folgende Gedicht von Sarah Kirsch spielt die ›Befehlsform‹ mit einem besonderen Typus antiker magischer Beschwörung, dem sog. ›Bindezauber‹. Mittels fester Formeln, die den Gegebenheiten entsprechend ergänzt wurden, suchte er einen unwilligen Geliebten oder eine spröde Geliebte zu ›binden‹ und in die Arme des sie Begehrenden zu führen. (Auch die antike Literatur spiegelt diese Praktiken, am bekanntesten Theokrit, *Idyll* 2.)
*Labyrinth*: vgl. das voranstehende Gedicht.
*Nesselhemd*: Das mit dem vergifteten Blut des Kentauren Néssos bestrichene Opfergewand des Herakles (vgl. S. 190: ›Unterm Sternbild des Hercules‹).

141 *Sarah Kirsch, Rufformel*: S. K., Zaubersprüche, Berlin und Weimar 1973, S. 64. © Sarah Kirsch
*Phöbus*: Phoíbos (lat. Phoebus) ist der häufigste kultische Beiname des Apollon (*Ilias* 1,43 u. ö.). Auch in der römischen Religion steht Phoebus für Apollon, insbesondere für den Sonnengott.
*Ovid*: Vgl. S. 214 f.: ›Die Reue des Ovid‹.

142 *Johannes Poethen, Die tollkirsche*: J. P., Wer hält mir die Himmelsleiter. Gedichte 1981-1987, Karlsruhe 1988, S. 37. [Aus dem Zyklus ›An dem meer von pagasai. vierzehn gedichte‹, S. 34-41.] © Edition G. Braun, Karlsruhe 1988
*pagasai*: Pagasaí, der wichtigste Hafen Thessaliens, war ein bedeutender Kultort Apollons und der mythische Bauplatz der Argo, von dem aus die Argonauten in See stechen (vgl. S. 204: ›therapeutisches bad‹).
*der schierling*: Der Saft dieser hochgiftigen Pflanze aus der Familie der Doldenblütler wurde im klassischen Griechenland zur Voll-

streckung der Todesstrafe verwendet, wie im Fall des Philosophen Sokrates (399 v. Chr.; Platon, *Phaidon* 117a-118).
*das molykraut*: Auf Aiaía, der Insel der Kirke, gibt Hermes dem Odysseus das magische Kraut Moly, das ihn vor den Künsten der Zauberin schützt (vgl. S. 222: ›Der Wein der Circe‹).
*der bote [...] beflügelt*: Hermes, der Sohn des Zeus und der Bergnymphe Maia, zeigt sich von schillerndem Wesen. Als frühreifer Säugling stiehlt der göttliche Schelm die Rinder Apollons und erfindet die Lyra. Mit seinen Flügelschuhen gleitet der Götterbote rasch durch die Lüfte, den Heroldsstab in Händen, den Pétasos, den breiten Filzhut des Wanderers auf dem Haupt. Den vieläugigen Riesen Argos schläfert er ein und tötet ihn; den greisen König Príamos führt er vor Troja durchs feindliche griechische Lager zu Achill. Doch reicht seine Macht weiter. Als der chthonische Hermes ist er der göttliche Grenzgänger zwischen den Welten. Persephone führt er empor aus dem Hades; als Psychopómp (›Seelenführer‹) geleitet er die Seelen der Verstorbenen hinab in die Unterwelt, auf die Asphodeloswiese (*Odyssee* 24,1-14).
*hermetisch*: Aus der Kaiserzeit stammt ein Corpus anonymer mystischer Schriften, die sämtlich dem ›dreimal gewaltigsten Hermes‹, dem Hermes Trismégistos, zugeschrieben wurden.

*Erich Fried, Medusa* (zuerst 1967): E. F., Gesammelte Werke, Hg. von V. Kaukoreit und K. Wagenbach: Gedichte 1, Berlin 1993, S. 406. © Verlag Klaus Wagenbach Berlin 1967
*Medusa*: Medusa ist die bekannteste der Gorgonen, der drei jüngeren Schwestern der Graíen (vgl. S. 190: ›Altes Land‹); als einzige ist sie sterblich. Ihre Eltern sind Phórkys und Ketó, uralte Meergötter, Kinder von Gaia (›Erde‹) und Pontos (›Meer‹). Die Gorgonen hausen jenseits des Okéanos, im äußersten Westen. Sie sind abscheuliche Dämonen, mit Flügeln und Schlangenhaar, bleckender Zunge und wüsten Hauer-Zähnen. Jeden, der sie sieht, läßt ihr Blick zu Stein erstarren. Perseus gelingt es mit Athenes Hilfe und einer List, Medusa das Haupt abzuschlagen. Er schenkt es der Athene, die es seitdem in ihrem Schild führt, der Aigís (Ps.-Hesiod, *Aspis* 216-37; Ovid, *Metamorphosen* 4,772-89; Lucan 9,659-733).

*Tot die Titanen*: In der Titanomachíe (vgl. S. 218) begehren die alten Götter noch einmal auf gegen Zeus und seine Geschwister; sie unterliegen jedoch (Hesiod, *Theogonie* 617-725). Die unsterblichen Titanen finden in dieser letzten Götterschlacht nicht den Tod; doch verbannt sie Zeus auf immer in den Tártaros. Medusa und die Gorgonen rechnen nicht eigentlich zu den Titanen; als alte Urgottheiten stehen sie ihnen jedoch nahe.

144 *Günter Kunert, Medusa*: G. K., Im weiteren Fortgang. Gedichte, München 1974, S. 116. © Carl Hanser Verlag, München 1974

*Dagmar Nick, Freundschaft*: D. N., Gezählte Tage. Gedichte, Waldbrunn 1986, S. 23. © 1986 Horst Heiderhoff Verlag
*die Graien*: vgl. S. 190: ›Altes Land‹.
*ihre Tarnkappe*: Von Perseus erpreßt, weisen die Graien ihm den Weg zu den Nymphen, von denen er drei magische Werkzeuge empfängt für seinen Kampf gegen die Medusa: die Tasche, in der er das Haupt des Ungeheuers verwahren wird, Flügelsandalen und »die Kappe des Hades«, die ihn unsichtbar werden läßt (Apollodor, *Bibliotheka* 2,4,2).

*Natur*

149 *Johannes Bobrowski, Nymphe* (zuerst 1961): J. B., Gesammelte Werke I, hg. von E. Haufe, Berlin 1987, S. 8. © Deutsche Verlags-Anstalt, Stuttgart 1961
*der Junge [. . .] Wohin/ ist er gegangen?*: An der Fahrt der Argonauten nimmt anfangs auch Herakles teil, den sein Liebling Hylas begleitet. Als das Schiff an der mysischen Küste Station macht und Hylas ausgesandt wird zum Wasserholen, ziehen Quellnymphen den schönen Jüngling zu sich hinab in die Flut. Herakles macht sich auf die vergebliche Suche nach Hylas und versäumt so die Abfahrt der Argo (Theokrit, *Idyll* 13; Apollonios von Rhodos 1,1207-72).
Die Geschichte um Hylas scheint einen lokalen Kultbrauch zu spiegeln. An einem bestimmten Tag des Jahres durchstreiften die Einheimischen die mysischen Bergwälder; dreimal rief der Priester den Namen Hylas, dreimal antwortete das Echo.

*Syrinx*: Pan, der bocksgestaltige arkadische Hirtengott, der Sohn des Hermes und einer Nymphe, erscheint oft mit den Silenen und Satyrn zusammen im Schwarm des Dionysos. Lüstern verfolgt er die keusche arkadische Nymphe Sýrinx. Auf der Flucht vor ihm wird sie am Fluß Ladon auf ihr Flehen hin von ihren Schwestern in Schilfrohr verwandelt. Pan seufzt ins Schilf hinein, und ein klagender Ton antwortet ihm. Mit Wachs fügt er nun mehrere verschieden lange Rohre zusammen und erfindet so die ›Syrinx‹, die Hirtenflöte (Ovid, *Metamorphosen* 1,689-712).

150 *Marie Luise Kaschnitz, Narziß* (zuerst 1957): M. L. K., Gesammelte Werke, hg. von Chr. Büttrich und N. Miller. Bd. V: Die Gedichte, Frankfurt a. M. 1985, S. 275. 
Narziß (griech. Narkíssos), der schöne Sohn eines Flußgottes und einer Naiade, verschmäht stolz die Liebe der Nymphe Echo. Grausam straft die Gottheit seinen Hochmut. Als er sich durstig über eine einsame Waldquelle beugt, erblickt er sein eigenes Bildnis und verliebt sich unsterblich. Doch bleibt seine Leidenschaft unerfüllt, und immer mehr verzehrt ihn unstillbare Sehnsucht, bis zuletzt der Tod ihn erlöst. Sein Ende wird zur Verwandlung; statt seiner finden die Naiaden eine weiße Narzisse (Ovid, *Metamorphosen* 3,339-510).

151 *Karin Kiwus, Herr und Knecht*: K. K., Von beiden Seiten der Gegenwart. Gedichte, Frankfurt a. M. 1976, S. 35f. 

152 *Dagmar Leupold, Narziß und Echo I*: D. L., Die Lust der Frauen auf Seite 13. Gedichte, Frankfurt a. M. 1994, S. 61. 
*Hera fand Gefallen [. . .]*: Während Juppiter sich mit ihren Gefährtinnen vergnügt, hält die Nymphe Echo seine Gemahlin Juno (griech. Hera) mit ihrem Geplauder auf. Zur Strafe für diesen Fürwitz raubt Juno ihr die Sprache; Echo vermag fortan nur noch wiederzugeben, was sie hört (Ovid, *Metamorphosen* 3,359-369).

153 *Sarah Kirsch, Der Meropsvogel*: S. K., Rückenwind. Gedichte, Berlin und Weimar 1976, S. 43. © Sarah Kirsch
Mérops, der mythische König der Insel Kos, hat die Nymphe Ethémea zur Frau. Da diese den Kult der Artemis vernachlässigt, trifft die Göttin sie mit ihren Pfeilen; Persephone entrafft die noch Lebende in den Hades. Von Schmerz verzehrt, will Merops sich selbst den Tod geben. Hera jedoch erbarmt sich seiner; sie verwandelt ihn in einen Adler und versetzt ihn unter die Sterne (Hygin, *Astronomia* 2,16,1).

154 *Johannes Bobrowski, Dryade* (zuerst 1962): J. B., Gesammelte Werke I, hg. von E. Haufe, Berlin 1987, S. 83. © Deutsche Verlags-Anstalt, Stuttgart 1962
*Dryade*: Die Nymphen sind weibliche Elementargeister, die in der Natur zuhause sind, an den Quellen, in Höhlen oder Grotten, auf den Bergen, in Hainen; dort werden sie auch verehrt. Schon früh scheidet der Volksglaube sie in Gruppen, die ihren Lebensraum und Wirkungsbereich spiegeln. Die Naiáden (Quellnymphen) und Nereíden (Meernymphen) walten über die Gewässer, die Ore(i)áden über Berge, Schluchten und Täler, die Dryáden über die Laubbäume. Nicht selten werden die Dryaden mit einem bestimmten Baum verbunden; geht er zugrunde, finden auch sie den Tod (*Homerischer Aphroditehymnus* 264-72).
Der Mythos versammelt die Nymphen im Gefolge der Artemis, mit der sie auf die Jagd gehen oder im Reigen tanzen. Mit den Silenen und den Satyrn zusammen geraten auch die Nymphen in den Schwarm des Dionysos.

155 *Karl Krolow, Die Traurigkeit ist eine Geschichte* (zuerst 1984): K. K., Gesammelte Gedichte 3, Frankfurt a. M. 1985, S. 204. © Suhrkamp Verlag Frankfurt am Main 1985

*Hilde Domin, Geborgenheit* (zuerst 1959): H. D., Gesammelte Gedichte, Frankfurt a. M. 1987, S. 135. © S. Fischer Verlag, Frankfurt am Main 1987

156 *Peter Hacks, Das Bad im Freien*: P. H., Die Gedichte, Berlin und Weimar 1988, S. 335. © Peter Hacks

*Chloe*: Um Dáphnis, einen mythischen sizilischen Hirten, den die Bukoliker als den Vater ihrer Kunst angesehen und den insbesondere Theokrit und Vergil immer wieder besungen haben, ranken sich etliche Geschichten. Erst in der Kaiserzeit tritt Chloe an seine Seite, in dem berühmten Roman des Longos, *Daphnis und Chloe* (2. Jh. n. Chr.), der voll bukolischer Ironie die ländliche Jugend zweier auf Lesbos aufwachsender Hirtenkinder beschreibt, die beim Hüten ihrer Herden einander lieben lernen und zu guter Letzt, als ihre edle Abkunft bekannt wird, heiraten.

158 *Peter Rühmkorf, Des fröhlichen Faunen Klagelied*: P. R., Kunststücke. Fünfzig Gedichte nebst einer Anleitung zum Widerspruch, Reinbek bei Hamburg 1962, S. 60. Copyright © 1976 by Rowohlt Verlag GmbH, Reinbek

Faunus ist ein alter latinischer Gott der Hirten und Herden, der in den wilden Bergwäldern zuhause ist und das dort weidende Vieh beschützt und für dessen Fruchtbarkeit sorgt. Geheimnisvolle Stimmen läßt er ertönen und schreckt so die Menschen; doch weissagt er auch. Ansonsten ist wenig über ihn bekannt. Klarere Konturen verleiht ihm erst die Angleichung an den arkadischen Hirtengott Pan (vgl. S. 236: ›Nymphe‹), von dem er die Bocksfüße und Hörner übernimmt, aber auch das lüsterne Wesen.

*die Schaumgebackne*: Aphrodite, die »schaumgeborene« (vgl. S. 232: ›liebe, schönheit, koizid‹).

*winket sie Anchisen*: Um ihren frechen Übermut zu dämpfen, weckt Zeus Aphrodites Liebe zu einem Sterblichen. Sie verliebt sich in Anchíses, einen Fürsten aus dem troischen Königshaus. In seiner Hirtenhütte sucht sie ihn auf und verführt ihn; erst dann gibt sie sich zu erkennen, verheißt ihm einen herrlichen Sohn und legt ihm Schweigen auf über ihre Begegnung (*Homerischer Aphroditehymnos*). Dieser Verbindung entspringt Aenéas, der spätere Ahnherr des römischen Volkes (vgl. S. 213: ›vor rom‹).

159 *Karl Krolow, Natur*: K. K., Als es soweit war. Gedichte, Frankfurt a. M. 1988, S. 15. © Suhrkamp Verlag Frankfurt am Main 1988
*Demeter*: Demeter ist die Göttin des Getreides und des Ackerbaus. Sie schenkt den Lebensunterhalt; ihr gehören aber auch die Toten. Sie ist die Herrin der eleusinischen Weihen, des einflußreichsten griechischen Mysterienkultes (vgl. S. 244: ›Hierorts‹).
Ihre Tochter Persephone, oft auch Kóre (›das Mädchen‹) genannt, wird von Hades, dem Herrn der Unterwelt, in sein finsteres Reich entrafft. Voll Trauer macht Demeter sich auf die Suche nach ihrem Kind und durchstreift die ganze Erde, die nirgendwo mehr Frucht trägt. Den Menschen droht der Hungertod; die Götter sorgen sich um ihre Opfer und Ehren. So suchen sie endlich die Göttin zu versöhnen. Hermes holt Kore aus dem Hades zurück. Doch bleibt sie fortan der Oberwelt wie der Unterwelt verbunden. Zwei Drittel des Jahres darf sie auf der Erde zubringen, doch für vier Monate jedes Jahr muß sie hinab in die Finsternis *(Homerischer Demeterhymnus)*. Dort herrscht sie als Gattin des Hades mit ihm zusammen über die Unterwelt und die Toten.
*Ihren Lieblingsbauer*: Triptólemos, einer der Fürsten von Eleusis, wird von Demeter in ihre Weihen eingeführt (*Homerischer Demeterhymnus* 473-9). Attische Propaganda erhebt ihn vom 6. Jh. v. Chr. an zum heimischen Kultheros, der in Demeters Auftrag die Verbreitung ihrer Gaben besorgt, Ackerbau und Mysterien. Hellenistische Autoren machen ihn zum Sohn des Keleós, des Königs von Eleusis, und der Metáneira, in deren Haus Demeter auf der Suche nach ihrer Tochter gelangt (*Homerischer Demeterhymnus* 94-291). Ovid schließlich stellt Keleos, Metaneira und ihre Kinder als schlichte Bauern dar (*Fasti* 4, 507-562).

### *Unterwelt*

163 *Günter Eich, Ende eines Sommers* (zuerst 1955): G. E., Gesammelte Werke I. Hg. von A. Vieregg, Frankfurt a. M. 1991, S. 81. © Suhrkamp Verlag Frankfurt am Main 1991
*Bald wird die Vogelschrift entsiegelt*: Auskunft über Künftiges und göttliche Weisung gab seit alters die Vogelschau. Heimisch war sie nicht allein in Griechenland, sondern auch bei Etruskern und

Römern, bei denen ein besonderes Priesterkollegium, die Auguren, für die Beobachtung und Deutung des Vogelflugs verantwortlich war.
*unter der Zunge [. . .] der Pfennig*: Fester Brauch des antiken Totenkultes war es, den Verstorbenen eine Münze, den sprichwörtlich gewordenen Óbolos, als Fährgeld für Charon (vgl. S. 241: ›Fotoalbum II‹) unter die Zunge zu legen.

*Marie Luise Kaschnitz, Charon* (zuerst 1972): M. L. K., Gesammelte Werke, Hg. von Chr. Büttrich und N. Miller. Bd. V: Die Gedichte, Frankfurt a. M. 1985, S. 440. © Insel Verlag Frankfurt am Main 1981-89
*Charon*: Zu Charon vgl. S. 241: ›Fotoalbum II‹.

164 *Peter Härtling, In der Wimsener Höhle* (zuerst 1983): P. H., Die Gedichte. 1953-1987, Frankfurt a. M. 1989, S. 187f. © 1995 by Verlag Kiepenheuer & Witsch Köln

165 *Hanns Cibulka, Die Schatten*: H. C., Der Rebstock. Gedichte, Halle/Leipzig 1980, S. 83-5. © Hanns Cibulka

166 *Oda Schaefer, Totenfracht*: O. Sch., Grasmelodie. Neue Gedichte, München 1959, S. 59. © R. Piper & Co. Verlag, München 1959
*Das dunkle Wasser*: Zu den Gewässern der Unterwelt vgl. S. 216: ›Dunkles zu sagen‹.
*Bis ich bereit/ Das Wasser trinke*: Den Toten, die aus der Léthe trinken, dem Fluß des ›Vergessens‹, entschwindet alle Erinnerung an ihr Erdendasein.

167 *Günter Eich, Im Nebel ertastet der Uferrand* (aus dem Hörspiel ›Der Strom‹ [1950]): G. E., Gesammelte Werke II: Die Hörspiele I. Hg. von K. Karst, Frankfurt a. M. 1991, S. 413f. © Suhrkamp Verlag Frankfurt am Main 1991

168 *Reiner Kunze, Literaturarchiv in M.*: R. K., Eines jeden einziges leben. Gedichte, Frankfurt a. M. 1986, S. 58f. © S. Fischer Verlag, Frankfurt am Main 1986

*Literaturarchiv in M.*: Gemeint ist das 1955 begründete Deutsche Literaturarchiv in Marbach am Neckar.
*Styx*: Zu den Gewässern der Unterwelt vgl. S. 216: ›Dunkles zu sagen‹.
*Orpheus [. . .] Eurydike*: Vgl. S. 215 f.

169 *Günter Kunert, Fotoalbum II*: G. K., Unterwegs nach Utopia. Gedichte, München/Wien 1977, S. 66. © Carl Hanser Verlag, München/Wien 1977
*Hades*: Während die unsterblichen Götter selig auf dem Olymp leben, so die frühgriechischen Jenseitsvorstellungen, sind die bewußtlosen ›Schatten‹ der Verstorbenen im Innern der Erde, im Haus des Hades versammelt. Den Hades siedeln die homerischen Epen bald jenseits des Okéanos an, am Weltenrand, bald unterhalb der Erde. Dort herrschen der ›unterirdische Zeus‹, der finstere Hades (der ›Unsichtbare‹), und seine Gemahlin Persephone. Den Zugang zum Reich der Schatten hütet ein Ungeheuer, der dreiköpfige Hund Kérberos (Hesiod, *Theogonie* 769-73). Düstere Gewässer durchströmen die Unterwelt (vgl. S. 216: ›Dunkles zu sagen‹). Über den Ácheron, den Fluß des ›Stöhnens‹, setzt der Fährmann Charon die Seelen der Verstorbenen.
*Schatten*: Der archaischen griechischen Anschauung zufolge verläßt im Tod ein unkörperliches Etwas den Menschen, die Psyché (›Hauch‹, ›Lebensodem‹); sie geht ein in den Hades, wo sie ihren künftigen Aufenthalt hat. Mit der Wesenheit oder Persönlichkeit des Lebenden hat sie ursprünglich nichts zu tun, doch gleicht sie ihm wie ein ›Bild‹. Sie läßt sich wahrnehmen und identifizieren, bleibt jedoch Erscheinung; jede Körperlichkeit oder Kraft geht ihr ab; allein der Genuß von Blut schenkt ihr auf kurze Zeit wieder Bewußtsein.

170 *Christoph Meckel, Hekate*: Chr. M., Bei Lebzeiten zu singen. Gedichte, Berlin 1967, S. 68. © Verlag Klaus Wagenbach Berlin 1967
Die Erdgöttin Hékate, die wohl aus Karien im südlichen Kleinasien nach Hellas gelangte, ist die unheimliche Helferin besonders der Frauen. Sie hütet die Tore und die Dreiwege; bei der Geburt ist sie schützend zugegen. Ihre Zeit ist die Nacht. Eine Fackel in der

Hand, Schlangen im Haar, begleitet von heulenden Hunden, durchstreift sie mit ihrem gespenstigen Schwarm die Finsternis und schlägt mit Verderben, wem sie begegnet. Sie waltet über alle Zauberei; zu ihr beten die schrecklichen Hexen Thessaliens. Wie Persephone gilt auch sie als Herrin der Toten.

171 *Ernst Meister, Als wär er*: E. M., Es kam die Nachricht. Gedichte, Neuwied und Berlin 1970, S. 51; Nachdruck: Aachen 1990, S. 71. © Rimbaud Verlagsgesellschaft mbH, Aachen 1990
*Zöllner*: Gemeint ist vielleicht Kérberos (vgl. S. 241: ›Fotoalbum II‹).
*sie, sehr jung,/ von Schlaf betäubt [...]*: Persephone, die Tochter der Demeter, wird von Hades, dem Herrn der Unterwelt, in sein finsteres Reich entrafft (vgl. S. 239: ›Natur‹). Als Hermes im Auftrag der Götter das Mädchen von dort zurückholt, läßt Hades es hinterlistig von einem Granatapfel kosten. Die Totenspeise bindet sie unlöslich an die Unterwelt; fortan muß sie als Gattin des Hades jedes Jahr auf vier Monate hinab in die Finsternis, wo sie an seiner Seite über die Toten herrscht.

*Uwe Grüning, Persephone*: U. G., Innehaltend an einem Morgen. Gedichte, Berlin 1988, S. 76. © Uwe Grüning
*Persephone*: vgl. das voranstehende Gedicht und S. 239: ›Natur‹.

172 *Peter Huchel, Persephone* (zuerst 1979): P. H., Gesammelte Werke I: Die Gedichte. Hg. von A. Vieregg, Frankfurt a. M. 1984, S. 249. © Suhrkamp Verlag Frankfurt am Main 1989
*die alte Scherbe im Haar*: Bildliche Darstellungen zeigen die Gemahlin des Hades häufig mit einem Diadem.

173 *Paul Celan, Im Schlangenwagen* (zuerst 1967): P. C., Gesammelte Werke 2. Hg. von B. Allemann und S. Reichert, Frankfurt a. M. 1983, S. 27. © Suhrkamp Verlag Frankfurt am Main 1983
Ähnlich den eleusinischen verheißen auch die dionysischen Mysterien den Geweihten ein seliges Leben in der anderen Welt. Auskunft über die orphisch beeinflußten Jenseitshoffnungen dieser Kreise geben die sog. orphischen Goldblättchen, die vom 4. Jh.

v. Chr. an verstorbenen Mysten mit ins Grab gegeben wurden, um sie nach Art der ägyptischen Unterweltsbücher mit genauen Wegangaben und Verhaltensmaßregeln in die Gefilde der Seligen zu geleiten:
»Du wirst im Haus des Hades zur Rechten eine Quelle finden, bei ihr steht eine weiße Zypresse; hier kühlen sich, herabsteigend, die Seelen der Toten. Dieser Quelle komme nicht nahe. [Gemeint ist wohl Lethe, der Quell des ›Vergessens‹.] Weiter wirst du dann kühles Wasser finden, das vom See der Erinnerung [griech. Mnemosýne, auch ›Gedächtnis‹] fließt; Wächter sind darüber, die dich verständigen Sinns fragen werden, wozu du das Dunkel des verderblichen Hades durchstreifst. Sprich: ›Ich bin ein Kind der Erde und des gestirnten Himmels; aber von Durst bin ich ausgedörrt und vergehe: drum gebt mir rasch kühles Wasser, das vom See der Erinnerung fließt.‹ Und dann werden die Untergebenen des Chthonischen Königs Mitleid haben, und sie werden dir vom See der Erinnerung zu trinken geben.« (*Goldblättchen von Hipponion*; zitiert nach W. Burkert, Griechische Religion der archaischen und klassischen Epoche, Stuttgart etc. 1977, S. 436.)
Alsbald zieht der Verstorbene auf der heiligen Straße der Mysten zur Wallstatt der Seligen, auf der die Dionysosjünger ihr rauschhaftes Fest feiern. Dort erlebt er seine Apotheose: »Nun bist du gestorben, nun bist du geboren worden, dreimal Seliger, an diesem Tage. Sage der Persephone, daß Bákchios selbst dich erlöst hat« (*Goldblättchen von Pelinna*, V. 1 f).
*Im Schlangenwagen*: Der Kult des Dionysos kennt keinen Schlangenwagen. Wilde Raubkatzen ziehen das Gefährt des Gottes; allein die Mänaden winden sich Schlangen um den Leib. Den Sonnenwagen des Helios, auf dem Medea aus Korinth flieht (vgl. S. 204: ›therapeutisches Bad‹), ziehen geflügelte Drachen oder Schlangen.

### *Abschied*

177 *Günter Eich, Fußnote zu Rom* (zuerst 1964): G. E., Gesammelte Werke I. Hg. von A. Vieregg, Frankfurt a. M. 1991, S. 136. © Suhrkamp Verlag Frankfurt am Main 1991

*Uwe Kolbe, Rom*: U. K., Nicht wirklich platonisch. Gedichte, Frankfurt a. M. 1994, S. 29. © Suhrkamp Verlag Frankfurt am Main und Leipzig 1994

*Erich Arendt, fischleere see*: E. A., Starrend von Zeit und Helle. Gedichte der Ägäis. Hg. von G. Wolf, München 1980, S. 137f. © Carl Hanser Verlag, München 1980
*die rückenlinie apolls*: Zu Apollon vgl. S. 188f.: ›Delos‹.
*keiner sucht pythia auf*: Zum delphischen Orakel vgl. S. 230: ›Seit jahrtausenden knie ich‹.
*hermes/ reist mit der botschaft/ lichtab*: Zu Hermes vgl. S. 234: ›Die tollkirsche‹.

179 *Ernst Meister, Hierorts*: E. M., Flut und Stein, Neuwied und Berlin 1961, S. 59; Nachdruck: Aachen 1988, S. 60. © Rimbaud Verlagsgesellschaft mbH, Aachen 1988
*Eleusis*: Eine etwa zwanzig Kilometer westlich von Athen, an der Bucht von Eleúsis gelegene Ortschaft, wo sich das berühmteste Mysterienheiligtum der Antike befand (vgl. S. 239: ›Natur‹). Jeden Herbst, im Monat Boedrómion (September/Oktober), zogen Tausende von Athenern und anderen Griechen auf der Heiligen Straße von Athen nach Eleusis, um das Mysterienspiel von Demeters Wiedervereinigung mit ihrer Tochter Persephone zu feiern. Die eigentlichen Mysterien fanden im heiligen Bezirk statt, im Telestérion, das die bereits geweihten ›Zuschauer‹ faßte, aber auch die ›Mysten‹, welche die Weihe empfangen sollten.
Die eleusinischen Mysterien verhießen den Initiierten ein besseres Los im Jenseits. An der ›Stätte der Frommen‹, auf lichten, blühenden Auen, feiern sie in der Unterwelt auf immer das Mysterienfest. (Zur verwandten Botschaft der dionysischen Mysterien vgl. S. 242f.: ›Im Schlangenwagen‹.)
*das schrumpfende Tierfell [. . .]*: Auf einem Widderfell saßen die Initianden während der Reinigungszeremonie, die der eigentlichen Weihe vorausging. Dem Mythos zufolge sind die Schwärmer im rasenden Zug des Dionysos oft in Tierfelle gehüllt. So tragen die Satyrn einen Lendenschurz aus Fell, die Mänaden schlingen ein Rehfell um die Schultern.

180 *Peter Rühmkorf, Anti-Ikarus*: P. R., Irdisches Vergnügen in g. Fünfzig Gedichte, Hamburg 1959, S. 37. Copyright © 1976 by Rowohlt Verlag GmbH, Reinbek

*Anti-Ikarus*: vgl. S. 219f.

*Ikariden*: Kinder, Nachkommen des Ikaros (Neologismus nach griechischem Vorbild).

*im schlappenden Flügelschuh*: Zu Hermes vgl. S. 234: ›Die tollkirsche‹.

*Prometheus-Gasbrenner [...]*: vgl. S. 218.

*sieh nur, wie das Gulasch strampelt*: vgl. das folgende Gedicht.

181 *Karl Mickel, Demselben*: K. M., Vita nova mea. Gedichte, Reinbek bei Hamburg 1967, S. 67. © Aufbau-Verlag Berlin und Weimar 1966

Tantalos, den mythischen König Lydiens, würdigen die Götter ihres Umgangs; er aber mißbraucht ihr Vertrauen. Um ihre Allwissenheit zu erproben, schlachtet er seinen Sohn Pélops und setzt ihn den Olympiern zur Speise vor. Diese erkennen die greuliche Mahlzeit; allein Demeter, die um ihre entführte Tochter Persephone trauert, verzehrt gedankenversunken ein Schulterstück. Mit seiner magischen Kunst schenkt Hermes dem Knaben wieder das Leben; die Schulter ersetzt er durch Elfenbein. Tantalos wird für seinen Frevel in die Unterwelt verstoßen, wo er, Früchte und Wasser vor Augen, immerfort hungern und dürsten muß.

Ein zweites Mal geschieht ein solcher Greuel, als die beiden Söhne des Pelops, Átreus und Thyéstes, in Streit um die Macht geraten. Atreus bietet Thyestes zum Schein die Versöhnung an; insgeheim jedoch schlachtet er dessen Kinder und setzt sie dem Vater zum Mahl vor.

182 *Ulla Hahn, Aus*: U. H., Freudenfeuer. Gedichte, Stuttgart 1985, S. 95. © Deutsche Verlags-Anstalt, Stuttgart 1985

*Pegasus*: Als Perseus der Medusa das Haupt abschlägt (vgl. S. 234: ›Medusa‹), entspringt ihrem Rumpf ein geflügeltes Roß, Pegasos, den sie einst von Poseidon empfangen hat (Hesiod, *Theogonie* 280–6). Später trägt Pegasos den Heros Bellérophon bei seinem Kampf gegen die Chimaíra und bei seinem Flug zum Olymp; nach dessen

Sturz in den Tod steigt es zum Himmel empor, wo es verstirnt wird.

*Phönix*: Herodot 2,73 (dt. von W. Marg): »Es gibt aber noch einen andern heiligen Vogel, der heißt Phoinix. Ich allerdings hab ihn nicht gesehen, außer im Bild. Er kommt ja auch nur selten zu ihnen, alle fünfhundert Jahre, wie die Leute von Heliupolis sagen. Dann komme er, behaupten sie, wenn sein Vater stirbt. Er hat aber, wenn er in Wirklichkeit so aussieht, wie auf dem Bild, diese Größe und Gestalt: Teils sind seine Schwingen golden, teils rot; im Umriß ist er am ehesten einem Adler ähnlich und auch in der Größe. Dieser Vogel treffe nun folgende sinnreiche Anstalten, erzählen sie, doch kann ich's nicht glauben: Er komme aus Arabien hergeflogen und bringe seinen Vater in das Heiligtum des Helios, in Myrrhen gehüllt, und bestatte ihn im Heiligtum. [...]« Herodots einflußreicher Bericht erzählt von dem ägyptischen Sonnenvogel Benu, der als Verkörperung des Re, später des Osiris galt. Nicht ägyptischen Ursprungs ist die Legende von der Selbstverbrennung des Phönix und seiner Auferstehung aus der Asche, die erst in der Kaiserzeit belegt ist (Ovid, *Metamorphosen* 15,392-407; Laktanz, *Über den Vogel Phönix*).

*Sphinx*: Vgl. S. 203: ›Ödipuskommentar‹.

*Harpyien*: Ursprünglich wohl windschnelle Dämonen des Sturmes, erscheinen die Harpyien in der Argonautensage als scheußliche geflügelte Frauen, die beständig dem greisen und blinden Seher Phíneus das Essen rauben und besudeln. Zwei der Argonauten, Kálais und Zétes, vertreiben sie; zum Dank weist Phineus ihnen den Weg nach Kolchis (Apollonios von Rhodos 2,176-300).

*Hans-Ulrich Treichel, Mythos Berlin 1987*: H.-U. T., Seit Tagen kein Wunder. Gedichte, Frankfurt a. M. 1990, S. 67. © Suhrkamp Verlag Frankfurt am Main 1990

*Pan*: Vgl. S. 236: ›Nymphe‹.

183 *Michael Krüger, Ein Waldbrief*: M. K., Die Dronte. Gedichte, München/Wien 1985, S. 22. © Carl Hanser Verlag, München/Wien 1985

*nur einer blieb treu*: Gemeint ist vielleicht Pan.

184 *Peter Huchel, Die Gaukler sind fort* (zuerst 1972): P. H., Gesammelte Werke I: Die Gedichte. Hg. von A. Vieregg, Frankfurt a. M. 1984, S. 179. © Suhrkamp Verlag Frankfurt am Main 1984
*Der Fähnrich und das Mädchen,/ der bucklige Händler mit Ketten und Ringen*: Diese Figuren werden in der Sekundärliteratur verschieden gedeutet. Sie lassen sich auch antik lesen, etwa als Apollon (vgl. S. 188 f.: ›Delos‹), seine Zwillingsschwester Artemis (vgl. S. 228: ›Der Pfeil der Artemis‹) und Hephaistos (vgl. S. 228: ›Lemnos‹).
*eine Maske, maulbeerfarben*: Die Maske evoziert die dem Dionysos geweihte griechische Tragödie und Komödie.
*Die Eiche [. . .] die den Donner barg*: An der ältesten Orakelstätte Griechenlands, dem heiligen Hain des Donnergottes Zeus zu Dodona im Nordwesten Griechenlands, stand seine heilige Eiche. Dort weissagten die Priester den Willen des Gottes.

185 *Arnfrid Astel, Wer ist eigentlich*: A. A., Zwischen den Stühlen sitzt der Liberale auf seinem Sessel. Epigramme und Arbeitsgerichtsurteile, Darmstadt und Neuwied 1974, S. 34. © 1974 by Hermann Luchterhand Verlag GmbH & Co. KG, Darmstadt und Neuwied
Der Ruhm des Vorsokratikers Zenon von Elea (5. Jh. v. Chr.), der bei Parmenides studiert hat, gründet in seinen philosophischen Paradoxen. Das berühmteste unter ihnen, ›Achilles und die Schildkröte‹, lautet in Aristoteles' Wiedergabe so: »Das Langsamste kann in seinem Lauf vom Schnellsten niemals eingeholt werden. Denn der Verfolger muß, bevor er zum Überholen kommen soll, erst einmal den Punkt erreicht haben, an dem der Verfolgte gestartet war, so daß das Langsamere dauernd einen gewissen Vorsprung behalten muß« (*Physik* VI,9.239b14-8; dt. von H. Wagner).

# *Zitierte Textausgaben*

*Lobel-Page*: E. Lobel / D. Page (Hgg.), Poetarum Lesbiorum Fragmenta, Oxford 1955.

*Voigt*: E.-M. Voigt (Hg.), Sappho et Alcaeus, Amsterdam 1971.

*Diels-Kranz*: H. Diels / W. Kranz (Hgg.), Die Fragmente der Vorsokratiker, 3 Bände, 6. Auflage, Berlin 1951-1952.

*Anthologia Graeca*: H. Beckby (Hg.), Anthologia Graeca. Griechisch-deutsch, 4 Bände, München 1957-1958.

*Poetae Melici Graeci*: D. L. Page (Hg.), Poetae Melici Graeci, Oxford 1962.

*Supplementum Hellenisticum*: H. Lloyd-Jones / P. Parsons (Hgg.), Supplementum Hellenisticum, Berlin/New York 1983.

## *Weiterführende Literatur*


Antikerezeption in der deutschsprachigen Literatur der Gegenwart (hg. von B. Seidensticker und P. Habermehl): Der Altsprachliche Unterricht 36, 1994, Heft 2.

R. Bernhardt, Odysseus' Tod – Prometheus' Leben. Antike Mythen in der Literatur der DDR, Halle/Leipzig 1983.

P. Habermehl, Das Verstummen des Mythologen. Ein Versuch zu den drei Odysseus-Gedichten Peter Huchels: Antike und Abendland 42, 1996 [im Druck].

Th. Mechtenberg, Von Odysseus bis Sisyphos. Zur Rezeption und Brechung mythischer Gestalten in der DDR-Lyrik: Deutschland Archiv. Zeitschrift für Fragen der DDR und der Deutschlandpolitik 18, 1985, 497-506.

V. Riedel, Antikerezeption in der Literatur der Deutschen Demokratischen Republik, Berlin 1984.

E. G. Schmidt, Die Antike in Lyrik und Erzählliteratur der DDR: Wissenschaftliche Zeitschrift der Friedrich-Schiller-Universität Jena. Gesellschafts- und sprachwiss. Reihe 18, 1969, Heft 4, 123-41 und 20, 1971, Heft 5, 5-62.

E. G. Schmidt, Die Antike in Lyrik und Erzählliteratur der DDR. Die letzten zehn Jahre (1969-1978): H. Gericke (Hg.), Rezeption des Altertums in modernen literarischen Werken, Halle (Saale) 1980, 7-31.

B. Seidensticker, Zur Antikerezeption in der deutschen Literatur nach 1945: Gymnasium 98, 1991, 420-53.

B. Seidensticker, Exempla. Römisches in der literarischen Antikerezeption nach 1945: Gymnasium 101, 1994, 7-42.

B. Seidensticker, Abendstern. Schafe und Ziegen. Heinz Pionteks Sappho-Gedicht ›Die späten Jahre‹: Philologus 139, 1995, 62-71.

B. Seidensticker, Sappho-Rezeption in der deutschsprachigen Lyrik der Gegenwart: Dialog Schule/Wissenschaft, Band 30, München 1996 [im Druck].

A. Vieregg, Die Lyrik Peter Huchels. Zeichensprache und Privatmythologie, Berlin 1976.

# *Die Autoren*

*Christa Alten*. Geb. 1936 in Berlin. *Frau Sisyphos*, S. 92.

*Erich Arendt*. 15. 4. 1903 Neuruppin-25. 9. 1984 Wilhelmshorst bei Berlin. *fischleere see*, S. 177; *Hafen Empedokles*, S. 50; *Lemnos*, S. 129; *Niobe*, S. 134.

*Hans Carl Artmann*. Geb. am 12. 6. 1921 in Wien-Breitensee. *vor rom*, S. 72.

*Arnfrid Astel*. Geb. am 9. 7. 1933 in München. *Antiautoritär*, S. 63; *Parcere personis – dicere de vitiis*, S. 74; *Wer ist eigentlich*, S. 185.

*Cyrus Atabay*. 6. 9. 1929 Sadabad bei Teheran-26. 1. 1996 München. *Aktaion*, S. 131; *Delos*, S. 18; *Der Schatten der Wolke*, S. 27; *Huldigungen*, S. 60; *Meditation am Webstuhl*, S. 119.

*Rose Ausländer*. 11. 5. 1901 Czernowitz-3. 1. 1988 Düsseldorf. *Ikarus*, S. 93; *Im Labyrinth*, S. 139; *Nausikaa*, S. 118; *Odysseus*, S. 104; *Orpheus und Eurydike*, S. 80.

*Ingeborg Bachmann*. 25. 6. 1926 Klagenfurt-17. 10. 1973 Rom. *Am Akragas*, S. 17; *Dunkles zu sagen*, S. 79.

*Wolfgang Bächler*. Geb. am 22. 3. 1925 in Augsburg. *Ödipus*, S. 58.

*Kurt Bartsch*. Geb. am 10. 7. 1937 in Berlin. *Prometheus 70*, S. 88.

*Wolf Biermann*. Geb. am 15. 11. 1936 in Hamburg. *Ballade vom preußischen Ikarus*, S. 96.

*Johannes Bobrowski*. 9. 4. 1917 Tilsit-2. 9. 1965 Berlin. *Die alte Heerstraße*, S. 77; *Dryade*, S. 154; *Mit Liedern Sapphos*, S. 47; *Nymphe*, S. 149; *Pindar*, S. 49; *Sappho*, S. 44.

*Volker Braun*. Geb. am 7. 5. 1939 in Dresden. *Die Treulose*, S. 65; *Neuer Zweck der Armee Hadrians*, S. 35.

*Erika Burkart*. Geb. am 8. 2. 1922 in Aarau. *Altes Land*, S. 22; *Das verlorene Wort*, S. 138.

*Paul Celan*. 23. 11. 1920 Czernowitz-Ende April 1970 Paris. *Der Pfeil der Artemis*, S. 131; *Die Ewigkeit*, S. 15; *Im Schlangenwagen*, S. 173.

*Hanns Cibulka*. Geb. am 20. 9. 1920 in Jägerndorf (Tschechoslowakei). *Die Schatten*, S. 165; *Empedokles*, S. 52; *Orion*, S. 19.

*Hilde Domin.* Geb. am 27. 7. 1912 in Köln. *Brief auf den anderen Kontinent*, S. 82; *Geborgenheit*, S. 155; *In der Höhle des Polyphem*, S. 105.

*Günter Eich.* 1. 2. 1907 Lebus an der Oder-20. 12. 1972 Salzburg. *Ende eines Sommers*, S. 163; *Freund und Horazleser*, S. 71; *Fußnote zu Rom*, S. 177; *Im Nebel ertastet der Uferrand*, S. 167.

*Hans Magnus Enzensberger.* Geb. am 11. 11. 1929 in Kaufbeuren. *Anweisung an Sisyphos*, S. 91; *Drift I*, S. 103.

*Gerhard Falkner.* Geb. am 15. 3. 1951 in Schwabach. *liebe, schönheit, koizid*, S. 137.

*Ernst Fischer.* 3. 7. 1899 Komotau, Böhmen-31. 7. 1972 Deutsch-Feistritz, Steiermark. *Die Reue des Ovid*, S. 72.

*Erich Fried.* 6. 5. 1921 Wien-22. 11. 1988 Baden-Baden. *Antike Großstadtschnauze*, S. 31; *Auf der Heimfahrt nach Ithaka*, S. 111; *Incognito*, S. 54; *Klassische Entscheidungsfreiheit*, S. 112; *Medusa*, S. 142; *Vorahnung des Endsiegs*, S. 89.

*Walter Helmut Fritz.* Geb. am 26. 8. 1929 in Karlsruhe. *Delos*, S. 18; *Elpenor*, S. 107.

*Uwe Grüning.* Geb. am 16. 1. 1942 in Pabianice bei Lodz. *Persephone*, S. 171.

*Peter Hacks.* Geb. am 21. 3. 1928 in Breslau. *Das Bad im Freien*, S. 156; *Scipio*, S. 28.

*Peter Härtling.* Geb. am 13. 11. 1933 in Chemnitz. *An Ikarus*, S. 94; *In der Wimsener Höhle*, S. 164.

*Ulla Hahn.* Geb. am 30. 4. 1946 in Brachthausen/Sauerland. *Aus*, S. 182; *Befehlsform*, S. 140; *Verbesserte Auflage*, S. 86.

*Wolfgang Hilbig.* Geb. am 31. 8. 1941 in Meuselwitz/Sachsen. *evokation*, S. 83.

*Peter Huchel.* 3. 4. 1903 Berlin-Lichterfelde-30. 4. 1981 Staufen bei Freiburg/Br. *Alkaios*, S. 48; *An taube Ohren der Geschlechter*, S. 30; *Aristeas*, S. 136; *Das Grab des Odysseus*, S. 123; *Die Gaukler sind fort*, S. 184; *Elegie*, S. 42; *Hinter den weißen Netzen des Mittags*, S. 113; *Odysseus und die Circe*, S. 108; *Persephone*, S. 172; *Unterm Sternbild des Hercules*, S. 21.

*Ernst Jandl.* Geb. am 1. 8. 1925 in Wien. *flöda und der schwan*, S. 129; *Ikarus*, S. 98; *odyss bei den polsterstühlen*, S. 121; *porträt eines mädchens*, S. 110.

*Yaak Karsunke.* Geb. am 4. 6. 1934 in Berlin. *Ikarus oder: die dialektik des aufstiegs*, S. 97.

*Marie Luise Kaschnitz.* 31. 1. 1901 Karlsruhe-10. 10. 1974 Rom. *Charon*, S. 163; *Narziß*, S. 150; *Nausikaa*, S. 117; *Ostia Antica*, S. 15; *Syrakus*, S. 16.

*Sarah Kirsch.* Geb. am 16. 4. 1935 in Limlingerode/Südharz. *Der Meropsvogel*, S. 153; *Die Verdammung*, S. 87; *Rufformel*, S. 141.

*Karin Kiwus.* Geb. am 9. 11. 1942 in Berlin. *Herr und Knecht*, S. 151.

*Uwe Kolbe.* Geb. am 17. 10. 1957 in Berlin. *Rom*, S. 177.

*Ursula Krechel.* Geb. am 4. 12. 1947 in Trier. *Privateigentum*, S. 88.

*Karl Krolow.* Geb. am 11. 3. 1915 in Hannover. *Bleibendes Bild im Winter*, S. 70; *Die Traurigkeit ist eine Geschichte*, S. 155; *Natur*, S. 159; *Schattenspiel*, S. 138; *Stele für Catull*, S. 64; *Vexier-Gedicht*, S. 24.

*Michael Krüger.* Geb. am 9. 12. 1943 in Wittgendorf/Sachsen. *Ein Waldbrief*, S. 183.

*Günter Kunert.* Geb. am 6. 3. 1929 in Berlin. *Alexanderschlacht*, S. 27; *Fotoalbum II*, S. 169; *Keine Neuigkeit aus Troja*, S. 54; *Märkischer Konstantin*, S. 36; *Medusa*, S. 144; *Nausikaa I*, S. 116; *Orpheus I*, S. 83; *Shakehands, Catull*, S. 63; *Todesferne Elegie*, S. 23.

*Reiner Kunze.* Geb. am 16. 8. 1933 in Oelsnitz/Erzgebirge. *Literaturarchiv in M.*, S. 168

*Dieter Leisegang.* 25. 11. 1942 Wiesbaden-21. 3. 1973 Offenbach. *Vergil*, S. 71.

*Dagmar Leupold.* Geb. 1955 in Niederlahnstein/Rhein. *Narziß und Echo I*, S. 152.

*Christoph Meckel.* Geb. am 12. 6. 1935 in Berlin. *Circe! Circe!*, S. 108; *Der alte Orpheus*, S. 85; *Der Wein der Circe*, S. 106; *Hekate*, S. 170; *Odysseus*, S. 124.

*Ernst Meister.* 3. 9. 1911 Hagen-Haspe/Westfalen-15. 6. 1979 Hagen-Haspe. *Als wär er*, S. 171; *Hierorts*, S. 179.

*Karl Mickel.* Geb. am 12. 8. 1935 in Dresden. *Demselben*, S. 181; *Elegie* (2). *Nach Catull*, S. 66; *Ode nach Horaz II/13*, S. 68.

*Heiner Müller.* 9. 1. 1929 Eppendorf/Sachsen–30. 12. 1995 Berlin. *Geschichten von Homer*, S. 41; *Horaz*, S. 67; *Horaz Satiren II,1*, S. 69; *Ödipuskommentar*, S. 55; *Scipio*, S. 31; *Senecas Tod*, S. 32.

*Dagmar Nick.* Geb. am 30. 5. 1926 in Breslau. *Freundschaft*, S. 144.

*Helga Maria Novak.* Geb. am 8. 9. 1935 in Berlin-Köpenick. *therapeutisches Bad*, S. 59.

*Oskar Pastior.* Geb. am 20. 10. 1927 in Hermannstadt/Siebenbürgen. *Licht auf Nausikaa*, S. 115.

*Heinz Piontek.* Geb. am 15. 11. 1925 in Kreuzberg/Oberschlesien. *Die späten Jahre*, S. 46.

*Johannes Poethen.* Geb. am 13. 9. 1928 in Wickrath am Niederrhein. *Die tollkirsche*, S. 142; *Seit jahrtausenden knie ich*, S. 135; *Von den plejaden her*, S. 45.

*Thomas Rosenlöcher.* Geb. am 29. 7. 1947 in Dresden. *Dädalus*, S. 98; *Heimkehr des Odysseus*, S. 120.

*Peter Rühmkorf.* Geb. am 25. 10. 1929 in Dortmund. *Anti-Ikarus*, S. 180; *Des fröhlichen Faunen Klagelied*, S. 158.

*Oda Schaefer.* 21. 12. 1900 Berlin–5. 9. 1988 München. *Sappho*, S. 44; *Totenfracht*, S. 166.

*Hannelies Taschau.* Geb. am 26. 4. 1937 in Hamburg. *Samin mit Geschichte*, S. 34.

*Jürgen Theobaldy.* Geb. am 7. 3. 1944 in Straßburg. *Bruchstück, für Sappho*, S. 45.

*Hans-Ulrich Treichel.* Geb. am 12. 8. 1952 in Versmold/Westfalen. *Mythos Berlin 1987*, S. 182; *Orpheus' Abgesang*, S. 84; *Sisyphos' Dementi*, S. 90.

*Peter-Paul Zahl.* Geb. am 14. 3. 1944 in Freiburg/Br. *ratschlag während des sturzes*, S. 95.

# Inhalt

## *Begegnungen*



## *Geschichte*

*Sinnbilder*

## *Odysseus*



## *Götter und Halbgötter, Heroen und Heroinen*

*Natur*

*Unterwelt*



*Abschied*

## Alte Welt und Mittelalter
## im insel taschenbuch

Apuleius: Der goldene Esel. Mit Illustrationen von Max Klinger zu ›Amor und Psyche‹. Aus dem Lateinischen von August Rode. Mit einem Nachwort von Wilhelm Haupt. it 146

Augustinus: Bekenntnisse. Lateinisch und deutsch. Eingeleitet, übersetzt und erläutert von Joseph Bernhart. Mit einem Vorwort von Ernst Ludwig Grasmück. it 1002

Joseph Bédier: Der Roman von Tristan und Isolde. Mit Holzschnitten von 1484. Deutsch von Rudolf G. Binding. it 387

Boethius: Trost der Philosophie. Zweisprachige Ausgabe. Lateinisch und deutsch. Mit einem Nachwort von Ernst Ludwig Grasmück. it 1215

Otto Borst: Alltagsleben im Mittelalter. Mit zeitgenössischen Abbildungen. it 513

Roberto Calasso: Die Hochzeit von Kadmos und Harmonia. Aus dem Italienischen von Moshe Kahn. it 1476

Catull: Sämtliche Gedichte. Lateinisch und deutsch. Aus dem Lateinischen von Carl Fischer. Mit einem Nachwort von Bernhard Kytzler. it 1736

Dante: Die Göttliche Komödie. Mit fünfzig Holzschnitten von Botticelli. Deutsch von Friedrich Freiherr von Falkenhausen. 2 Bde. it 94

Epiktet: Wege zum glücklichen Handeln. Aus dem Lateinischen von Wilhelm Capelle. it 1458

Epikur: Philosophie der Freude. Briefe, Hauptlehrsätze, Spruchsammlung, Fragmente. Übertragen und mit einem Nachwort versehen von Paul M. Laskowsky. it 1057

Erasmus von Rotterdam: Das Lob der Torheit. Mit den Randzeichnungen von Hans Holbein dem Jüngeren. Übersetzt und herausgegeben von Uwe Schultz. it 369

Das Evangeliar Heinrichs des Löwen. Erläutert von Elisabeth Klemm. Mit farbigen Bildtafeln. it 1121

Geschichten aus dem Mittelalter. Herausgegeben von Hermann Hesse. Aus dem Lateinischen übersetzt von Hermann Hesse und J. G. T. Graesse und mit Nacherzählungen von Leo Greiner. Neu zusammengestellt von Volker Michels. it 161

Götter, Spötter und Verrückte. Antike Anekdoten. Herausgegeben von Gerhard Fink. it 1720

Griechisches Theater. Aischylos: Die Perser. Die Sieben gegen Theben. Sophokles: Antigone. König Ödipus. Elektra. Aristophanes: Die Vögel. Lysistrata. Menander: Das Schiedsgericht. Deutsch von Wolfgang Schadewaldt. it 721

151/1/3.95

## Alte Welt und Mittelalter im insel taschenbuch

Hermann Grimm: Das Leben Michelangelos. it 1758

Helmut Hiller: Heinrich der Löwe. Herzog und Rebell. Eine Chronik von Helmut Hiller. it 922

Homer: Ilias. Neue Übertragung von Wolfgang Schadewaldt. Mit antiken Vasenbildern. it 153

Ilias. Odyssee. In der Übertragung von Johann Heinrich Voß. it 1204

Horaz: Oden. Lateinisch und deutsch. Neu übertragen von Winfried Tilmann. it 1418

Ibn Hazm: Von der Liebe und den Liebenden. Aus dem arabischen Urtext übertragen von Max Weißweiler. it 1757

Klosterleben im deutschen Mittelalter. Nach zeitgenössischen Quellen von Johannes Bühler. Mit zahlreichen Abbildungen. Herausgegeben von Georg A. Narciß. it 1135

Christoph Kolumbus: Bordbuch. Mit einem Nachwort von Frauke Gewecke und zeitgenössischen Illustrationen. it 476

Dieter Kühn: Ich Wolkenstein. Eine Biographie. Neue, erweiterte Ausgabe. it 497

– Neidhart aus dem Reuental. it 1389

– Parzival. Der Parzival des Wolfram von Eschenbach. it 1328

Longus: Daphnis und Chloë. Ein antiker Liebesroman. Aus dem Griechischen übersetzt und mit einem Nachwort von Arno Mauersberger. Mit Illustrationen der »Edition du Régent«. it 136

Thomas Malory: Die Geschichten von König Artus und den Rittern seiner Tafelrunde. 3 Bde. Übertragen von Helmut Findeisen auf der Grundlage der Lachmannschen Übersetzung. Mit einem Nachwort von Walter Martin. Mit Illustrationen von Aubrey Beardsley. it 239

Marc Aurel: Selbstbetrachtungen. Aus dem Lateinischen von Otto Kiefer. Mit einem Vorwort von Klaus Sallmann. it 1374

Meister Eckhart: Das Buch der göttlichen Tröstung. Ins Neuhochdeutsche übertragen von Josef Quint. it 1005

Minnesinger. In Bildern der Manessischen Liederhandschrift. Mit Erläuterungen herausgegeben von Walter Koschorreck. Vierundzwanzig Abbildungen. it 88

Die Nibelungen. In der Wiedergabe von Franz Keim. Mit Illustrationen von Carl Otto Czeschka. Mit einem Vor- und Nachwort von Helmut Brackert. Im Anhang die Nacherzählung ›Die Nibelungen‹ von Gretel und Wolfgang Hecht. it 14

Ovid: Liebeskunst. Nach der Übersetzung von W. Hertzberg. Bearbeitet von Franz Burger-München. Mit Abbildungen nach etruskischen Wandmalereien. it 164

151/2/3.95

## Alte Welt und Mittelalter
## im insel taschenbuch

Ovid: Metamorphosen. In der Übertragung von Johann Heinrich Voß. Mit den Radierungen von Pablo Picasso und einem Nachwort von Bernhard Kytzler. it 1237

Francesco Petrarca: Dichtungen. Briefe. Schriften. Auswahl und Einleitung von Hanns W. Eppelsheimer. it 486

Platon: Sämtliche Werke. Griechisch und deutsch. Nach der Übersetzung Friedrich Schleiermachers, ergänzt durch Übersetzungen von Franz Susemihl u.a. Griechischer Text nach der letztgültigen Gesamtausgabe der Association Guillaume Budé. Herausgegeben von Karlheinz Hülser. Zehn Bände in Kassette. it 1401-1410

| | |
|---|---|
| Band I: | Ion. Protagoras. Apologie. Kriton. Laches. Lysis. Charmides. it 1401 |
| Band II: | Eutyphron. Alkibiades I. Gorgias. Menexenos. it 1402 |
| Band III: | Menon. Kratylos. Euthydemos. Hippias maior. it 1403 |
| Band IV: | Hippias minor. Symposion. Phaidon. it 1404 |
| Band V: | Politeia. it 1405 |
| Band VI: | Phaidros. Theaitetos. it 1406 |
| Band VII: | Parmenides. Sophistes. Politikos. it 1407 |
| Band VIII: | Philebos. Timaios. Kritias. it 1408 |
| Band IX: | Nomoi. it 1409 |
| Band X: | Briefe. Unechtes. it 1410 |

– Das Trinkgelage oder Über den Eros. Übertragung, Nachwort und Erläuterungen von Ute Schmidt-Berger. Mit einer Wirkungsgeschichte von Jochen Schmidt und griechischen Vasenbildern. it 681

Der Sachsenspiegel in Bildern. Aus der Heidelberger Bilderhandschrift ausgewählt und erläutert von Walter Koschorreck. it 218

Sappho. Neu übertragen und kommentiert von Stefanie Preiswerk-zum Stein. Mit farbigen Abbildungen. it 1229

Sappho: Strophen und Verse. Übersetzt und herausgegeben von Joachim Schickel. it 309

Gustav Schwab: Sagen des klassischen Altertums. 3 Bde. Mit sechsundneunzig Zeichnungen von John Flaxman und einem Nachwort von Manfred Lemmer. it 127

Seneca für Manager. Sentenzen. Ausgewählt und übersetzt von Gerhard Schoeck. it 1656

Seneca: Vom glücklichen Leben. Philosophische Schriften und Briefe. Herausgegeben und aus dem Lateinischen übertragen von Heinz Berthold. it 1457

– Von der Seelenruhe. Philosophische Schriften und Briefe. Herausgegeben und aus dem Lateinischen übertragen von Heinz Berthold. it 743

151/3/3.95

## Alte Welt und Mittelalter
## im insel taschenbuch

Sophokles: Aias. Übertragen von Wolfgang Schadewaldt. Herausgegeben von Hellmut Flashar. Mit zahlreichen Abbildungen. it 1562

– Antigone. Übertragen und herausgegeben von Wolfgang Schadewaldt. Mit einem Nachwort, einem Aufsatz, Wirkungsgeschichte und Literaturhinweisen. it 70

– Antigone. Übersetzt von Hölderlin. Bearbeitet von Martin Walser und Edgar Selge. it 1248

– Elektra. Übertragen von Wolfgang Schadewaldt. Herausgegeben von Hellmut Flashar. Mit zahlreichen Abbildungen. it 1616

– König Ödipus. Übertragen und herausgegeben von Wolfgang Schadewaldt. Mit einem Nachwort, drei Aufsätzen, Wirkungsgeschichte und Literaturnachweisen. it 15

Tacitus: Germania. Zweisprachig. Übertragen und erläutert von Arno Mauersberger. it 471

Der tanzende Tod. Mittelalterliche Totentänze. Herausgegeben, eingeleitet und übersetzt von Gert Kaiser. it 647

François Villon: Sämtliche Dichtungen. Zweisprachige Ausgabe. Aus dem Französischen von Walther Küchler. it 1039

151/4/3.95

## Die Antike
## im insel taschenbuch

Apuleius: Der goldene Esel. Mit Illustrationen von Max Klinger zu ›Amor und Psyche‹. Aus dem Lateinischen von August Rode. Mit einem Nachwort von Wilhelm Haupt. it 146

Augustinus: Bekenntnisse. Lateinisch und deutsch. Eingeleitet, übersetzt und erläutert von Joseph Bernhart. Mit einem Vorwort von Ernst Ludwig Grasmück. it 1002

Roberto Calasso: Die Hochzeit von Kadmos und Harmonia. Aus dem Italienischen von Moshe Kahn. it 1476

Catull: Sämtliche Gedichte. Lateinisch und deutsch. Aus dem Lateinischen von Carl Fischer. Mit einem Nachwort von Bernhard Kytzler. it 1736

Epiktet: Wege zum glücklichen Handeln. Aus dem Lateinischen von Wilhelm Capelle. it 1458

Epikur: Philosophie der Freude. Briefe, Hauptlehrsätze, Spruchsammlung, Fragmente. Übertragen und mit einem Nachwort versehen von Paul M. Laskowsky. it 1057

Götter, Spötter und Verrückte. Antike Anekdoten. Herausgegeben von Gerhard Fink. it 1720

Griechisches Theater. Aischylos: Die Perser. Die Sieben gegen Theben. Sophokles: Antigone. König Ödipus. Elektra. Aristophanes: Die Vögel. Lysistrata. Menander: Das Schiedsgericht. Deutsch von Wolfgang Schadewaldt. it 721

Homer: Ilias. Neue Übertragung von Wolfgang Schadewaldt. Mit antiken Vasenbildern. it 153

Ilias. Odyssee. In der Übertragung von Johann Heinrich Voß. it 1204

Longus: Daphnis und Chloë. Ein antiker Liebesroman. Aus dem Griechischen übersetzt und mit einem Nachwort von Arno Mauersberger. Mit Illustrationen der »Edition du Régent«. it 136

Marc Aurel: Selbstbetrachtungen. Aus dem Lateinischen von Otto Kiefer. Mit einem Vorwort von Klaus Sallmann. it 1374

Ovid: Liebeskunst. Nach der Übersetzung von W. Hertzberg. Bearbeitet von Franz Burger-München. Mit Abbildungen nach etruskischen Wandmalereien. it 164

– Metamorphosen. In der Übertragung von Johann Heinrich Voß. Mit den Radierungen von Pablo Picasso und einem Nachwort von Bernhard Kytzler. it 1237

Platon: Sämtliche Werke. Griechisch und deutsch. Nach der Übersetzung Friedrich Schleiermachers, ergänzt durch Übersetzungen von Franz Susemihl u.a. Griechischer Text nach der letztgültigen Gesamtausgabe der Association Guillaume Budé. Herausgegeben von Karlheinz Hülser. Zehn Bände in Kassette. it 1401-1410

174/1/3.95

## Die Antike
## im insel taschenbuch

Platon:

Band I: Ion. Protagoras. Apologie. Kriton. Laches. Lysis. Charmides. it 1401
Band II: Eutyphron. Alkibiades I. Gorgias. Menexenos. it 1402
Band III: Menon. Kratylos. Euthydemos. Hippias maior. it 1403
Band IV: Hippias minor. Symposion. Phaidon. it 1404
Band V: Politeia. it 1405
Band VI: Phaidros. Theaitetos. it 1406
Band VII: Parmenides. Sophistes. Politikos. it 1407
Band VIII: Philebos. Timaios. Kritias. it 1408
Band IX: Nomoi. it 1409
Band X: Briefe. Unechtes. it 1410

– Das Trinkgelage oder Über den Eros. Übertragung, Nachwort und Erläuterungen von Ute Schmidt-Berger. Mit einer Wirkungsgeschichte von Jochen Schmidt und griechischen Vasenbildern. it 681

Sappho. Neu übertragen und kommentiert von Stefanie Preiswerk-zum Stein. Mit farbigen Abbildungen. it 1229

Sappho: Strophen und Verse. Übersetzt und herausgegeben von Joachim Schickel. it 309

Gustav Schwab: Sagen des klassischen Altertums. 3 Bde. Mit sechsundneunzig Zeichnungen von John Flaxman und einem Nachwort von Manfred Lemmer. it 127

Seneca für Manager. Sentenzen. Ausgewählt und übersetzt von Gerhard Schoeck. it 1656

Seneca: Vom glücklichen Leben. Philosophische Schriften und Briefe. Herausgegeben und aus dem Lateinischen übertragen von Heinz Berthold. it 1457

– Von der Seelenruhe. Philosophische Schriften und Briefe. Herausgegeben und aus dem Lateinischen übertragen von Heinz Berthold. it 743

Sophokles: Aias. Übertragen von Wolfgang Schadewaldt. Herausgegeben von Hellmut Flashar. Mit zahlreichen Abbildungen. it 1562

– Antigone. Übertragen und herausgegeben von Wolfgang Schadewaldt. Mit einem Nachwort, einem Aufsatz, Wirkungsgeschichte und Literaturhinweisen. it 70

– Antigone. Übersetzt von Hölderlin. Bearbeitet von Martin Walser und Edgar Selge. it 1248

– Elektra. Übertragen von Wolfgang Schadewaldt. Herausgegeben von Hellmut Flashar. Mit zahlreichen Abbildungen. it 1616

174/2/3.95

## Die Antike
## im insel taschenbuch

Sophokles: König Ödipus. Übertragen und herausgegeben von Wolfgang Schadewaldt. Mit einem Nachwort, drei Aufsätzen, Wirkungsgeschichte und Literaturnachweisen. it 15

Tacitus: Germania. Zweisprachig. Übertragen und erläutert von Arno Mauersberger. it 471

174/3/3.95

## Lyrik
## im insel taschenbuch

Charles Baudelaire: Die Blumen des Bösen. Übertragen von Carlo Schmid. it 120

Bertolt Brecht: Hauspostille. Mit Anleitungen, Gesangsnoten und einem Anhang. Radierungen von Christoph Meckel. it 617

Wilhelm Busch: Kritisch-Allzukritisches. Gedichte. Ausgewählt und mit einem Nachwort von Theo Schlee. Mit Illustrationen von Wilhelm Busch. it 52

Hans Carossa: Gedichte. Der alte Taschenspieler. it 1461

Catull: Sämtliche Gedichte. Lateinisch und deutsch. Aus dem Lateinischen von Carl Fischer. Mit einem Nachwort von Bernhard Kytzler. it 1736

Friedrich Cramer: Spiel der Synapsen. Gedichte und Prosa. it 1657

Annette von Droste-Hülshoff: Sämtliche Gedichte. Mit einem Nachwort von Ricarda Huch. it 1092

Joseph von Eichendorff: Gedichte. Mit Zeichnungen von Otto Ubbelohde. Herausgegeben von Traude Dienel. it 255

– Gedichte. In chronologischer Folge herausgegeben von Hartwig Schultz. it 1060

Theodor Fontane: Herr von Ribbeck auf Ribbeck. Gedichte und Balladen. Herausgegeben von Gottfried Honnefelder. it 1446

Johann Wolfgang Goethe: Erotische Gedichte. Gedichte, Skizzen und Fragmente. Herausgegeben von Andreas Ammer. it 1225

– Gedichte. Sämtliche Gedichte in zeitlicher Folge. Herausgegeben von Heinz Nicolai. it 1400

– Römische Elegien und Venezianische Epigramme. Herausgegeben von Regine Otto. it 1150

– West-östlicher Divan. Mit Essays zum ›Divan‹ von Hugo von Hofmannsthal, Oskar Loerke und Karl Krolow. Herausgegeben und mit Erläuterungen versehen von Hans-J. Weitz. it 75

Johann Wolfgang Goethe / Friedrich von Schiller: Sämtliche Balladen und Romanzen in zeitlicher Folge. Herausgegeben von Karl Eibl. it 1275

Goethes Liebesgedichte. Herausgegeben von Hans Gerhard Gräf mit einem Nachwort von Emil Staiger. it 275

Karoline von Günderode: Gedichte. Herausgegeben von Franz Josef Görtz. it 809

Johann Christian Günther: Die Gedichte. Herausgegeben von Franz-Heinrich Hackel. it 1702

Heinrich Heine: Buch der Lieder. Mit zeitgenössischen Illustrationen und einem Nachwort von E. Galley. it 33

175/1/3.95

## Lyrik
## im insel taschenbuch

Heinrich Heine: Deutschland. Ein Wintermärchen. Mit einem Nachwort von Joseph Peter Strelka. Anhang mit Bibliographie und einer Zeittafel. it 723

– Gedichte aus Liebe. In einer Auswahl von Thomas Brasch. it 1444

– Neue Gedichte. it 1055

– Romanzero. Mit einem Nachwort von Joseph A. Kruse und zeitgenössischen Illustrationen. it 538

Hermann Hesse: Gedichte des Malers. Zehn Gedichte mit farbigen Zeichnungen. it 893

– Im Garten. Betrachtungen und Gedichte. Zusammengestellt und mit einem Nachwort von Volker Michels. Mit zahlreichen Abbildungen. it 1329

Mit Hermann Hesse reisen. Betrachtungen und Gedichte. Herausgegeben von Volker Michels. it 1242

– Tessin. Betrachtungen, Gedichte und Aquarelle des Autors. Herausgegeben von Volker Michels. it 1494

Friedrich Hölderlin: Gedichte. Herausgegeben und mit Erläuterungen versehen von Jochen Schmidt. it 781

– Die schönsten Gedichte. Ausgewählt und mit einem Nachwort versehen von Jochen Schmidt. it 1508

Ich wollt in Liedern oft Dich preisen. Gedichte an den Lebensgefährten. Herausgegeben von Cordula Gerhard. it 1552

Jakob Michael Reinhold Lenz: Gedichte und Briefe. Herausgegeben von Sigrid Damm. it 1443

Christian Morgenstern: Alle Galgenlieder. it 6

Wilhelm Müller: Die Winterreise und andere Gedichte. Herausgegeben von Hans-Rüdiger Schwab. Mit einem Vorwort von Christian Elsner. it 901

Friedrich Nietzsche: Gedichte. Herausgegeben von Karl Riha. it 1622

Novalis: Gedichte. Die Lehrlinge zu Sais – Dialogen und Monolog. Mit einem Nachwort von Jochen Hörisch. it 1010

Rainer Maria Rilke: Ausgesetzt auf den Bergen des Herzens. Gedichte aus den Jahren 1906 bis 1926. it 98

– Das Buch der Bilder. Des ersten Buches erster Teil. Des ersten Buches zweiter Teil. Des zweiten Buches erster Teil. Des zweiten Buches zweiter Teil. it 26

– Duineser Elegien. Die Sonette an Orpheus. it 80

– Erste Gedichte. Larenopfer. Traumgekrönt. Advent. it 1090

– Frühe Gedichte. it 878

175/2/3.95